시문사답

시문사답

시에게 묻고, 역사에서 답을 찾다!

초판 1쇄 인쇄 | 2024년 3월 10일
초판 1쇄 발행 | 2024년 3월 15일

지은이 | 오정환 · 김상범
펴낸이 | 김진성
펴낸곳 | 호이테북스

편   집 | 오정환, 허민정, 강소라
디자인 | 유혜현
관자리 | 정서윤

출판등록 | 2005년 2월 21일 제2016-000006
주   소 | 경기도 수원시 장안구 팔달로237번길 37, 303호(영화동)
대표전화 | 02) 323-4421
팩   스 | 02) 323-7753
홈페이지 | www.heute.co.kr
전자우편 | kjs9653@hotmail.com

ⓒ오정환 · 김상범
값 17,000원
ISBN 978-89-93132-94-6 (03320)

시문사답

시에게 묻고,
역사에서 답을 찾다!

오정환 · 김상범 지음

문학과 역사, 그 통섭의 시선

전철을 타려고 기다리다 보면 자연스럽게 안전문에 씌어 있는 시를 보게 된다. 시를 읽으며 자신을 돌아보고, 삶의 방식을 후회할 때도 있다. 그러고는 다시 갈 길을 바쁘게 가는데, 그 시를 또 만난다. 몇 년 전 을지로입구역 안전문 앞에서 김경미 시인이 쓴 〈이러고 있는〉을 만났다.

비가 자운영꽃을 알아보게 한 날이다 젖은 머리칼이 뜨거운 이마를 알아보게 한 날이다 지나가던 유치원 꼬마가 엄마한테 지금 이러고 있을 때가 아냐 엄마, 그런다 염소처럼 풀쩍 놀라서 나는 늘 이러고 있는데 이게 아닌데 하는 밤마다 흰 소금염전처럼 잠이 오지 않는데 날마다 무릎에서 딱딱 겁에 질린 이빨 부딪는 소리가 나는데 낙엽이 그리움을 알아보게 한 날이다 가슴이 못질을 알아본 날이다 지금 이러고 있을 때가 아닌데 일생에 처음 청보라색 자운영을 알아보았는데

내일은 정녕 이러고 있을 때가 아닌데

〈이러고 있는〉, 김경미

이 시를 읽으며 '지금 이러고 있어도 괜찮은 건가?', '지금 잘 살고 있는 건가?' 하는 생각을 했다. 짧은 시가 내면을 들여다보게 했다. 아마 이때 어렴풋이 이와 같은 책을 쓰기로 마음먹었을 것이다.

김광균 시인의 〈노신(魯迅)〉도 젊은 날 아주 크게 공감한 시다. 한참 영업직으로 일하며 실적으로 스트레스 받을 때, 내 삶을 대변하는 것 같아 읽고, 또 읽으며 감상에 잠겼었다.

시를 믿고 어떻게 살아가나
서른 먹은 사내가 하나 잠을 못 잔다.
잠들은 아내와 어린것의 베갯맡에
밤눈이 내려 쌓이나 보다.
무수한 손에 뺨을 얻어맞으며
항시 곤두박질해 온 생활의 노래
지나는 돌팔매에도 이제는 피곤하다.
먹고 산다는 것
너는 언제까지 나를 쫓아오느냐.
등불을 켜고 일어나 앉는다.
담배를 피워 문다.
쓸쓸한 것이 오장을 씻어 내린다.
노신이여
이런 밤이면 그대가 생각난다.
온 세계가 눈물에 젖어 있는 밤
상해(上海) 호마로(胡馬路) 어느 뒷골목에서

쓸쓸히 앉아 지키던 등불

등불이 나에게 속삭거린다.

여기 하나의 상심한 사람이 있다.

여기 하나의 굳세게 살아온 인생이 있다.

〈노신(魯迅)〉, 김광균

지금 하는 일에 확신이 없고, 인생은 꿈꾸어 온 삶과 다른 방향으로 가는데 먹여 살릴 '잠들은 아내와 어린 것'이 있을 때, 가장이라면 '먹고 산다는 것/너는 언제까지 나를 쫓아오느냐'라는 시인의 푸념에 공감할 것이다.

이처럼 시인의 눈으로 문제를 보고 시인이 되어 삶을 들여다보면, 때로는 위로받고, 용기를 얻고, 당면한 문제를 해결할 수 지혜를 얻기도 한다. 그전엔 미처 생각지 못한 통찰을 얻기도 한다.

확실히 시인의 눈은 다르다. 다른 사람이 보지 못한 것을 본다. 평범한 사람은 지나쳐버릴 현상을 꼼꼼하게 들여다보며 뭔가 다른 점을 발견한다. 시인은 생각하는 방법도 다르다. 무릎을 탁 치게 만드는 능력이 있다.

시를 읽으면 시인의 관찰법과 생각법을 배울 수 있다. 그렇다고 시인이 명확한 답을 주지는 않는다. 하지만 시에서, 혹은 시인에게서 우리는 다음과 같이 유용한 질문을 얻을 수 있다.

• 시인은 어떤 눈으로 이 현상을 보았는가?
• 시인은 어떻게 이런 해석을 내놓았는가?

• 시인은 어떻게 이런 상상을 했을까?

• 시인은 평범함 속에서 어떻게 이런 감동을 주는가?

이렇게 질문하며 시를 감상하다 보면, 우리는 인생에서 맞닥뜨린 문제를 해결할 단서를 찾을 수 있다. 그것은 관계의 문제, 절망과 희망의 문제, 변화와 목표의 문제, 인격의 문제, 사업의 문제 등 무수히 많다. 시에서 얻은 질문에 대한 구체적인 답은 역사에서 찾을 수 있다. 물론 수천 년, 수백 년 전 위인의 삶이 현대를 사는 우리에게 족집게 같은 정답을 가르쳐 주지는 않는다. 그렇더라도 응용 가능한 모범 답안 몇 가지는 얻을 수 있다. 위인의 눈으로 세상을 보고, 위인의 생각법을 배우다 보면 그들이 자신 앞에 닥친 문제를 어떻게 해결했는지 알아차릴 수 있다. 위인들의 삶을 들여다보며 현재 내가 잘 사는지 성찰할 수도 있다. 이렇게 역사에서 우리는 지혜를 얻는다.

이 책은 집필 과정이 꽤 길었다. 주제에 맞는 시를 선별하는 과정이 오래 걸렸다. 시를 고를 때 난해한 시보다는 쉬운 시를 선택했다. 시가 쉬워 술술 읽히면 조금 우습게 보고, 뜻이 알 듯 말 듯 어려워야 시 맛이 난다는 사람도 있지만, 이는 시를 모르는 사람의 이야기다. 대교약졸(大巧若拙)이란 말이 있듯이, 무심한 듯 슥슥 써 내려간 시에 명편이 많다. 역사에서 사례를 뽑아내기 위해 사마천의 《사기》도 다시 꼼꼼히 읽었다. 고전이란 것이 늘 그렇듯 읽을 때마다 깨닫는 게 참 많다.

책을 쓰는 과정에서 시를 올바로 해석한 건지, 주제와 시가 일치하는지, 시인이 말하려는 핵심을 제대로 짚은 건지, 시인이 말하는 것과 역사 사실이 맞아떨어지는지, 같은 질문을 계속했다. 물론 해석은 독자 몫이라지만 그렇다고 본질과 너무 동떨어진 해석은 문제가 있지 않겠는가. 그렇다 보니 시작법, 시 해석 관련 책을 읽으며 오류가 없도록 노력했다. 그래도 잘못이 있다면 모두 우리 책임이다.

모쪼록 시와 역사를 통해 마음이 풍성해지고, 더 넓은 시야와 혜안이 읽는 이들에게 축복으로 쏟아지기를 기원한다.

오정환, 김상범

차례

들어가는 글 문학과 역사, 그 통섭의 시선 • 005

1장 눈과 얼음의 틈새를 뚫고

아픈 흉터, 오늘을 사는 힘 • 017

위태로움 속에 아름다움이 스며 있다 • 024

떨어져도 튀는 공이 되어 • 032

미끄러지고 미끄러지길 수백 번 • 041

내 마음속의 고래 한 마리 • 047

더디게, 더디게 마침내 올 것이 온다 • 055

저 밑에는 날개도 없는 것들이 많다 • 062

홀로 환하게 빛나는 그게 너였으면 좋겠다 • 068

2장 잃어버린 불을 꿈꾸며

썩은 살덩이 밀어내듯 쓸어버릴 것 • 077

늘어진 넥타이가 되지 않으려면 • 083

바위는 앉은 채로 도착해 있었다 • 091

그 옛날 난 타오르는 책을 읽었네 • 098

천적이 없는 새는 다시 날개가 사라진다지 • 107

다시 끌러 새로 채우면 되는, 단추 같은 삶 • 114

사람, 아름다운 책 • 122

어깨에 힘을 주는 사람들에게 • 130

3장 그대와 내가
숲이 되려면

따뜻한 말은 사람을 따뜻하게 하고요 • 139

말을 알아듣지 못하면 • 148

호박꽃이 아름답다고 말했다가 • 157

넌 나의 마음을 너의 색으로 바꿔버렸다 • 165

누구에게 기꺼이 연탄 한 장 되는 것 • 173

맨발로 길거리에 나섰다가 돌아오면 • 180

늘 음지에 서 있었던 것 같다 • 188

비는 모난 걸 보여준 적이 없으시다 • 195

그대와 나는 왜 숲이 아닌가 • 202

4장 너무 오랫동안
알지 못했네

바라는 것만 보이는 • 213

남이 보지 못하는 것을 보는 눈 • 222

남이 생각하지 못한 것을 생각함 • 230

지독하게 속이면 내가 곧 속고 만다 • 239

하나씩 내려놓으면서 • 246

물고기 입장이 되어보는 일 • 253

모든 소리들이 흘러 들어간 뒤 • 260

인생의 마무리, 죽음을 준비하는 방법 • 266

시 출처 • 273
참고 도서 • 275

1장

눈과 얼음의 틈새를 뚫고

아픈 흉터, 오늘을 사는 힘

위태로움 속에 아름다움이 스며 있다

떨어져도 튀는 공이 되어

미끄러지고 미끄러지길 수백 번

내 마음속의 고래 한 마리

더디게, 더디게 마침내 올 것이 온다

저 밑에는 날개도 없는 것들이 많다

홀로 환하게 빛나는 그게 너였으면 좋겠다

아픈 흉터, 오늘을 사는 힘

삶의 모습은 참 여러 가지다. 어떤 사람은 전생에 나라를 구했는지 금수저를 물고 태어나 평생이 유복하다. 땅을 사면 길이 나듯이 하는 일마다 잘 된다. 어떤 사람은 태어날 때부터 흙수저다. 성장 과정이 고난의 연속이다. 그렇다고 모든 흙수저가 삶을 포기해야 하는 걸까? 어려움은 고스란히 어려움으로 남아 어찌할 도리가 없는 걸까?

살다 보면 마른하늘에 날벼락이 치기도 하고, 갑자기 하늘이 무너져 내리는 순간도 있다. 그럴 때 삶을 포기해야 하는 걸까? 그렇지 않다. 결핍과 역경이 외려 열심히 사는 동기로 작용하기도 한다. 맞닥뜨린 문제를 헤쳐나갈 때 통찰력을 발휘하기도 한다. '살면서 부대끼고 베인 아픈 흉터'가 '오늘을 사는 힘'이 되는 것이다. 박시교 시인의 〈힘〉은 상처투성이 인생에 힘을 준다.

> 꽃 같은 시절이야 누구나 가진 추억
> 그러나 내게는 상처도 보석이다
> 살면서 부대끼고 베인 아픈 흉터 몇 개
> 밑줄 처 새겨 둔 듯한 어제의 그 흔적들이

어쩌면 오늘을 사는 힘인지도 모른다

몇 군데 옹이를 박은 소나무의 푸름처럼

— 〈힘〉, 박시교

아픈 흉터가 어떻게 오늘을 사는 힘이 될까? 말콤 글래드웰이 쓴 《다윗과 골리아》에는 심리학자 마빈 아이젠슈타트(Marvin Eisenstadt)가 혁신가, 예술가, 기업가를 인터뷰하며 발견한 사실이 실려 있다. 놀랄 만큼 많은 사람이 어린 시절 부모를 여의었다. 걸출한 리더 573명을 조사한 결과, 4분의 1이 열 살이 되기 전에 적어도 부모 한 명을 잃었다. 34.5퍼센트는 열다섯이 될 때까지, 45퍼센트는 스무 살이 될 때까지 부모 한 명이 죽었다. 질병과 사고와 전쟁으로 기대수명이 오늘날보다 훨씬 낮은 20세기 이전에도 놀라운 수치다.

아이젠슈타트와 비슷한 시기에 역사학자 루실 이레몽거(Lucille Iremonger)는 19세기 초부터 제2차 세계대전 사이 영국 총리들에 관한 역사를 썼다. 루실 이레몽거는 어떤 종류의 배경과 자질이 세계에서 가장 강력한 나라인 영국 정계에서 정상까지 오르도록 했는지 궁금했다. 표본 집단에 속한 총리 중 67퍼센트가 열여섯 살이 되기 전에 한 부모를 잃었다. 총리를 대부분 배출하는 영국 상류층에서 같은 기간에 부모를 잃은 비율의 대략 두 배 정도다. 미국 대통령에게도 같은 결과를 찾을 수 있다. 조지 위싱턴부터 버락 오바마에 이르기까지 미국 대통령 44명 가운데 12명이 젊었을 때 아버지를 여의었다.

심리학자 딘 사이먼트(Dean Simonton)는 어렸을 때 뛰어난 재능을 보인 아이들이 성장하면서 기대에 부응하지 못하는 이유를 '과도한 심리적 건강 상태' 때문이라고 진단했다. 편안한 마음이 오히려 독이 되었다는 것이다. 뛰어난 재능이 있지만, 기대에 부응하지 못한 사람은 '어떤 혁명적인 아이디어로 대성공을 거두기에는 너무 전통적이고, 너무 순종적이며, 너무 상상력이 부족한' 아이들이었다. 사실 재능을 지닌 아이나 신동은 지원을 아끼지 않는 가정환경에서 나올 가능성이 크다. 그러니 이들에게는 결핍이 없다. '어떤 혁명적인 아이디어로 대성공을 거두기에는' 동기가 약하다. 반대로 놀라운 성과를 창출하는 천재는 나쁜 가정환경 속에서 자라는 이상한 경향이 있다고 그는 주장했다. 나쁜 가정환경이라는 결핍이 동기를 부여했다는 것이다.

역경을 견뎌낸 공자의 정신력

인류의 대표 지성, 사후 2,500년이 지났으나 오늘날까지 강력한 영향력을 끼치는 공자에게는 어떤 결핍이 있을까? 공자가 이상국을 세우려고 천하를 주유한 일은 누구나 아는 이야기다. 공자는 56세 때 처음 노나라를 떠났다. 공자가 열국을 돌아보고 다시 노나라로 돌아올 때 나이가 69세다. 14년을 길에서 보냈다. 때때로 환대를 받은 적도 있지만, 어려운 상황에 부닥친 적도 많았다.

《공자 세가》에는 정나라 성문에서 제자들에게 뒤처져 헤매고 있는 공자를 두고 정나라 사람이 '상갓집 개'로 비유한 대목이 나온다. 상을 당한 집에서 주인의 보살핌을 받지 못하고 먹이를 찾아 방황하는 개에 비유되었을 만큼 공자의 유세는 고난의 연속이었다. 어느 나루터 고을에서는 다른 사람으로 오인되어 마을 사람들에게 공격을 받아 목숨을 잃을 뻔했다. 송나라를 지날 때도 공격을 받아 궁지에 몰리기도 했다. 한나라 때 유향(劉向)이 지은 《설원》에도 공자가 곤액(困厄) 당하는 장면이 나온다. 곤액은 몹시 딱하고 어려운 사정과 재앙이 겹친 불운을 말한다.

남쪽에 있는 초나라에 가려고 할 때 공자는 진나라와 채나라 사이에 갇혀 오도 가도 못한 채 식량이 떨어져 큰 어려움을 겪었다. 이레 동안 불에 익힌 음식을 먹지 못하고, 명아주 국물에 쌀 알갱이 한 톨도 못 넣었다. 제자들이 모두 굶주린 안색을 띠었다. 그런데도 공자는 두 기둥 사이에서 노래를 불렀다. 이에 성격이 거칠고 급한 자로가 들어가 불평을 털어놓았다.

"선생님께서는 이 지경에도 노래를 부르시니 그것도 예입니까?"

공자는 대답도 없이 노래를 다 마친 다음 이렇게 말하였다.

"자로야! 군자가 음악을 좋아하는 것은 교만을 덜기 위함이며, 소인이 음악을 좋아하는 것은 두려움을 없애기 위함이다. 누가 이런 깊은 뜻을 알겠느냐? 너조차 나를 알지 못하면서 따라다녀 무엇을 배우겠느냐?"

자로는 그래도 즐거운 마음이 들지 않아 방패를 들고 춤을 추다가 세 곡이 끝나자 나가버렸다. 그때부터 이레 동안 공자는 음악을 그치지 않았다. 이에 자로가 다시 원망스러운 마음에 "선생님 지금이 연주할 때입니까?" 하고 불평하였다. 이번에도 공자는 대답하지 않다가 음악이 끝나자 이렇게 말했다.

"유야! 옛날 제환공은 거에서 곤액을 치를 때 비로소 패자가 될 생각을 하였고, 구천은 회계산으로 쫓겨갔을 때 패자를 꿈꾸었으며, 진 문공은 여 씨에게 핍박을 받을 때 패자가 되겠다고 결심하였다. 따라 서 유폐를 당해보지 않으면 생각이 원대하지 못하고, 몸이 제약을 받 아보지 않으면 지혜가 넓어지지 않는다. 어찌 너는 지혜롭다고 하면서 이때를 찾아내지 못하고 불우하다고 여기느냐?"

그러고는 일어섰다. 이튿날 공자는 마침내 곤액에서 풀려날 수 있 었다. 자공이 수레 고삐를 잡아 오면서 "친구들이여! 선생님을 따르다 가 이런 곤란에 빠졌으니 어찌 잊을 수 있으리오!" 하고 외쳤다.

그러자 공자가 말했다.

"그것이 무슨 말이냐? 속담에 이르지 않았느냐? '팔을 세 번 꺾어 봐야 의술이 뛰어난 의원이 된다' 했다. 무릇 진나라와 채나라 국경에 서 겪은 일은 나에게 큰 다행이었다. 너희도 나를 따랐으니 모두 행복 한 사람이다. 내 들으니 임금 된 자가 곤경에 처해 보지 않으면 왕도를 이룰 수 없고, 선비로서 곤액을 겪어 보지 않으면 이름을 올릴 수 없다 고 하였다. 옛날 탕(湯)은 여 땅에서 곤액을 당하였고, 문왕은 유리에 유폐를 당하였으며, 진목공은 효산에서 곤액을 당하였고, 제환공은 장 작에서 곤액을 당하였으며, 구천은 회계까지 쫓겼고, 진문공은 여희에 게 핍박을 받았다. 따라서 곤액이 도를 낳는 일은, 찬 것이 따뜻한 것 을 낳고 따뜻한 것이 찬 것을 낳게 하는 이치와 같다. 오직 현자만이 이를 알 뿐이며, 말로 표현하기 어렵다. 역(易)에 '곤은 형통하고 곧게 만 한다면 대인에게는 길하여 허물이 없으리라. 그러나 말을 해도 믿 어주지 않는다'라고 하였으니 바로 성인이 남에게 일러주고 싶어도 어떻게 설명할 수 없음을 말한 것이니 정말 맞는 말이로다."

공자는 국경 사이에 포위되어 이레 동안 아무것도 먹지 못하는 곤 액을 만났다. 공자는 그 상황에서 노래를 불렀다. 불평하는 제자에게 어려움을 당해보지 않은 사람은 생각이 원대하지 못하고, 몸이 제약을 받아보지 않으면 지혜가 넓어지지 않는다고 하며 탕왕, 문왕, 진목공, 제환공, 월구천, 진문공의 사례를 들었다. '상처도 보석이'라는 사실과 '살면서 부대끼고 베인 아픈 흉터는' '오늘을 사는 힘'이라는 역설을 말한 것이다.

공자가 제자들에게 한 이야기는 심리학자 마빈 아이젠슈타트가 혁신가, 예술가, 기업가를 인터뷰하며 발견한 사실이나 역사학자 루실 이레몽거가 영국 총리를 조사한 후의 결론과 같다. 한편 공자의 어린 시절을 보면 심리학자 딘 사이먼트의 주장과 일맥상통한다. 놀라운 성과를 창출하는 천재는 나쁜 가정환경 속에서 자라는 이상한 경향이 있다는. 그러면 공자의 어린 시절은 어땠을까?

《사기》의 〈공자 세가〉는 공자 아버지가 안 씨 딸과 야합하여 공자를 낳았다고 기록하였다. 이때 공자 아버지 나이는 예순네 살, 어머니는 열일곱 살로 세 번째 부인이었다. 야합이라는 말에서도 알 수 있듯이, 이 둘은 정상적인 부부 관계가 아니었다. 이렇듯 공자는 출생부터 비정상이었다. 공자는 세 살 때 아버지가 세상을 떠났고, 열일곱 살 때 어머니가 세상을 떠났다. 공자는 "나는 어린 시절 가난하고 비천하여 먹고살기 위해 이런저런 일을 많이 했다"고 회고했다. 젊은 시절에는 창고를 관리하거나 가축을 관리하는 말단 공무원을 지냈다.

공자가 포위되어 오도 가도 못한 채 이레씩 밥을 굶으면서 노래를 부를 수 있었던 정신력과 태도는 어린 시절 아버지를 여의고 가난 속에서 혼자 힘으로 학문에 정진하며 온갖 어려움을 이겨 낸 상처에서 비롯되었다. 상처가 보석이 되고, 오늘을 사는 힘이 된 셈이다. 공자가 '소나무의 푸름처럼' 긴 생명력으로 오늘날까지 빛나는 이유다.

위태로움 속에
아름다움이 스며 있다

　꿈 없는 사람이 있을까? 자신의 꿈을 실현한 사람은 얼마나 될까? 그래서 만족한 삶을 사는 사람은 또 얼마나 될까? 꿈이 있는 사람은 꿈을 실현하려고 열심히 산다. 당연하다. 그러나 열심히 산다고 해서 반드시 꿈을 이룬다는 보장은 없다. 환경이 뒷받침되지 않거나 방법을 모르면 삐걱거리며 제대로 풀리지 않는다. 심지어는 벼랑 끝에 서기도 한다. 모든 것을 포기하고 뒷걸음질쳐야 하는 상황에서 힘없이 돌아서는 경우도 많다. 그러나 벼랑 끝에서 오히려 위대한 성과를 이뤄낸 사람도 있다. 우선 나희덕의 시 〈땅끝〉을 감상해보자.

산 너머 고운 노을을 보려고
그네를 힘차게 차고 올라 발을 굴렀지
노을은 끝내 어둠에게 잡아먹혔지
나를 태우고 날아가던 그넷줄이
오랫동안 삐걱삐걱 떨고 있었어
어릴 때 나비를 쫓듯
아름다움에 취해 땅끝을 찾아갔지

그건 아마도 끝이 아니었을지 몰라
그러나 살면서 몇 번은 땅끝에 서게도 되지
파도가 끊임없이 땅을 먹어 들어오는 막바지에서
이렇게 뒷걸음질 치면서 말야

살기 위해서는 이제
뒷걸음질만이 허락된 것이라고
파도가 아가리를 쳐들고 달려드는 곳
찾아 나선 것도 아니었지만
끝내 발 디디며 서 있는 땅의 끝,
그런데 이상하기도 하지
위태로움 속에 아름다움이 스며 있다는 것이
땅끝은 늘 젖어 있다는 것이
그걸 보려고
또 몇 번은 여기에 이르리라는 것이

―〈땅끝〉, 나희덕

노을 같은 찬란한 꿈을 찾아 달려가다 보면, 어둠에 잡아먹힐 듯한
절망감에 휩싸이기도 하고, 쭉쭉 뻗어나가지 못하고 오랫동안 삐걱대
다가 벼랑 끝에 서기도 한다. 앞으로 나가야 할지 뒷걸음질쳐야 할지
결정할 순간, 벼랑 끝에 선 그 참담함이란. 그러나 그때가 오히려 기회
가 되기도 한다. 우리는 그것을 '반전'이라고 한다. 벼랑 끝에 '아름다
움이 스며 있다는 것'이다

범저(范雎)는 위(魏)나라 사람이다. 힘 있는 자를 만나 자리를 얻고 싶었으나, 집이 가난하여 활동할 자금을 마련하지 못하자 우선 위나라 중대부 수가(須賈)를 섬겼다. 범저는 수가가 위나라 소왕의 명을 받아 제(齊)나라에 사신으로 가자 따라갔다. 그곳에서 몇 달을 머물렀으나 수가는 제나라에서 제대로 된 회답을 얻지 못했다. 오히려 제나라 양왕은 범저가 변론에 뛰어나다는 말을 듣고, 사람을 보내 금 10근과 쇠고기와 술 등을 보내왔다. 범저는 이를 거절하며 받지 않았다. 그러나 이 사실을 안 수가는 범저가 위나라 기밀을 팔아먹고 선물을 받았다고 의심하여 격노하였다. 수가는 범저에게 쇠고기와 술만 받고 금은 돌려보내도록 하였다.

이 정도에서 끝났으면 좋으련만, 위나라로 돌아온 수가는 재상 위제에게 이 일을 보고하였다. 위제 역시 크게 노하여 범저의 처벌을 명하였다. 범저는 심한 매를 맞고 갈비뼈와 이빨이 부러져 나갔다. 견디다 못한 그는 죽은 척하고 움직이지 않았다. 사인들이 그를 멍석으로 둘둘 말아 뒷간에 버려두고 술 취한 뭇사람들이 번갈아가며 거기에 오줌을 누게 하였다. 이런 모욕을 준 이유는 훗날 함부로 국가 기밀을 누설하는 자가 없도록 하려는 경고였다. 범저는 멍석에 싸인 채 경비에게 이렇게 부탁했다.

"당신이 나를 여기서 벗어나게만 해준다면 반드시 후한 사례를 하겠소."

경비병이 멍석 속 시체를 내다 버리겠다고 하자 위제는 술에 취하여 이를 허락하였다. 이로써 범저는 가까스로 죽음에서 벗어날 수 있었다. 위제가 곧 후회하고 다시금 범저를 찾도록 하였다. 범저가 이미 위나라 사람 정안평의 보호를 받아 이름을 장록으로 바꾸고 숨어버린 뒤였다.

그 무렵 진(秦)나라 소왕이 알자 왕계를 위나라에 사신으로 보냈다. 정안평은 신분을 속이고 왕계 밑으로 들어갔는데, 마침 왕계가 이렇게 물었다.

"위나라에 혹시 우리 진나라로 데리고 갈 만한 훌륭한 인물은 없소?"

정안평이 '옳도다' 생각하고 이렇게 말하였다.

"저의 마을에 장록 선생이란 분이 있습니다. 마침 당신을 뵈옵고 천하대세에 관하여 말씀드리고 싶다 합니다. 그런데 선생에게는 원수가 있어서 낮에는 나다닐 수가 없습니다."

왕계가 말하였다.

"그러면 밤에 같이 와주시오."

그날 밤 정안평은 장록과 함께 왕계를 만났다. 이야기가 모두 끝나기도 전에 왕계는 범저의 훌륭한 재능을 알아차렸다. 왕계는 범저와 은밀하게 만나기로 약속하고 헤어졌다. 왕계는 위나라를 하직하고 가는 길에 범저를 수레에 태우고 진나라로 들어가 수도 함양으로 갔다. 그리고 진나라 소왕에게 사신으로 갔다 온 일을 보고하며 이렇게 말하였다.

"위나라에 장록 선생이란 인물이 있는데, 천하의 변사입니다. 선생말이 '진나라는 계란을 쌓아 놓은 것처럼 위기를 맞고 있으나, 내 의견을 받아들이면 무사할 것이오. 그러나 그것은 글로써 전할 수가 없소' 하여 함께 데리고 왔습니다."

그러나 진 소왕은 그를 믿지 않았다. 머물 곳을 정해주긴 하였으나, 하찮은 대우를 할 뿐이었다. 범저는 진나라 왕에게서 연락이 오기만을 기다렸다. 그렇게 1년이 흘렀다.

위태로움 속에서 반전을 끌어낸 범저

이때 범저의 마음은 어땠을까? 곧 '고운 노을'을 보겠구나 했을 것이다. 그러나 범저를 '태우고 날아가던 그넷줄이 오랫동안 삐걱삐걱 떨고 있'는 모양새다. 이때 범저는 '나는 왜 이렇게 되는 일이 없을까?' 하고 한탄만 하지 않았다. 범저는 해결 방법을 생각해 냈다.

당시 진나라는 소왕이 즉위한 지 36년이 되는 해였다. 오랜 기간 왕위를 지켰으나, 외삼촌과 동생에게 왕권을 위협받는 처지였다. 이 상황을 정확히 꿰뚫은 범저는 소왕에게 글을 올렸다. 내용은 크게 두 가지였다. 첫째는 훌륭한 임금이 나라를 다스릴 때는 능력이 있어 공로가 큰 자가 관직과 봉록을 받고, 능력 없는 자는 관직에 오르지 못한다는 것이고, 둘째는 임금이 나라를 번창하게 할 인재를 온 천하에서 구해야 한다는 주장이었다. 범저의 글은 다음과 같이 도전적인 질문으로 시작되었다.

"저를 내버려 두신 까닭이 신이 어리석어 마음에 들지 않기 때문입니까? 아니면 천거한 사람이 지위가 낮아서 신의 말을 들을 필요조차 없다고 생각하시는 겁니까? 만일 어느 쪽도 아니시면 바라건대 구경 다니시고 남은 여가에 대왕을 뵐 영광을 주시기 바랍니다. 그때 신이 드리는 말씀에 한마디라도 쓸모없는 것이 있으면 대왕의 처형을 달게 받겠습니다.”

이런 자신감은 어디서 나온 걸까? 이에 소왕은 크게 기뻐하며 수레를 보내 범저를 궁중으로 청해 들이며 사과부터 하였다.

“과인은 진작 선생을 만나보고 가르침을 받아야 했습니다. 마침 의거국과의 사이에 문제가 긴박한지라 조석으로 태후의 지시를 받아야만 하였기에 바쁜 나날을 보냈습니다. 그럭저럭 어려운 문제도 마무리하였으니 선생 가르침을 들을 수 있습니다. 과인은 스스로 어리석음을 민망하게 생각합니다. 그럼 삼가 주인과 손의 예로서 가르침을 받겠습니다.”

그러나 범저는 이를 사양하였다. 이날 범저가 소왕과 만나는 광경을 본 신하들은 모두 숙연히 낯빛을 바꾸고 지켜보았다. 소왕은 좌우를 물리치고 단둘이 되자 무릎을 꿇고 간청하였다. 이 정도면 소왕도 보통이 아니다. 그만큼 간절하고 절박했기 때문이리라.

“선생은 어떤 것을 과인에게 가르쳐 주시겠습니까?”

그러자 범저는 다만 이렇게 대답만 할 뿐이었다.

“예, 예.”

잠시 후 소왕은 다시 무릎을 꿇고 물었다.

“선생께서는 과인에게 무엇을 가르쳐 주시겠습니까?”

범저는 여전히 그저 “예, 예” 하고 대답만 할 뿐이었다.

이런 일이 세 번이나 거듭되자 진나라 왕은 무릎을 꿇은 채 말하였다.

“선생께서는 끝내 과인에게 가르침을 주지 않으려는 것입니까?”

그제야 범저가 입을 열었다. 하지만 범저가 이야기를 빙빙 돌리자 소왕은 무릎을 꿇은 채 사정했다.

"선생께서는 어찌 그런 말씀을 하십니까? 우리 진나라는 멀리 떨어져 있고, 과인은 어리석고 똑똑하지 못한 사람입니다. 그런데 선생께서 욕됨을 무릅쓰고 와주셨으니, 이는 하늘이 과인에게 선생 도움을 받아 선왕의 종묘를 이어가도록 한 겁니다. 과인이 선생의 가르침을 받게 된 것은 하늘이 우리 선왕을 위해 고아인 과인을 버리지 않았기 때문입니다. 그런데 선생께서는 어떻게 그런 말씀을 하십니까? 앞으로는 크고 작은 일을 가리지 않고 위로는 태후에 관한 일로부터 아래로는 대신에 관한 일까지 모든 것을 과인에게 가르쳐 주시고, 과인을 의심치 말아 주십시오."

이 말에 범저가 절을 하자, 소왕 역시 절로 예를 갖추었다. 이때 범저는 원교근공책과 왕권 강화를 위한 내정 개혁을 제시했다. 소왕은 범저를 객경에 임명하고, 군사에 관한 일을 상의하게 되었다. 그리고 소왕은 마침내 범저의 계책을 받아들였다.

범저는 힘차게 차고 올라 발을 굴렸으나 어둠에 잡아먹히고, 그넷줄은 삐걱거렸다. 그렇다고 그 자리에서 뒷걸음질치지 않았다. 오히려 '위태로움 속에 아름다움이 스며 있다는 것'을 증명했다. 결국 범저는 다른 나라 출신이었지만, 진나라에서 재상 자리에까지 오른다. 범저가 진나라에서 펼친 원교근공책은 진나라 외교정책의 근간이 되어 중국 최초의 통일 왕조를 이루는 데 큰 역할을 한다. 사람 보는 능력이 없어 범저를 핍박한 위나라는 진나라에 망했다.

약간 샛길로 새는 이야기지만 궁금한 게 한 가지 있다. 범저를 수렁에 빠뜨린 수가는 범저가 진나라에서 재상의 자리까지 오른 사실을 알았을까? 수가는 범저가 이미 죽은 줄 알았다. 진나라로 망명해 진소왕의 재상이 된 줄 까마득히 몰랐다. 나중에 수가가 진나라에 사신으로 가게 되었다. 범저가 밤에 몰래 남루한 옷을 입고 찾아가니 수가는 범저에게 두꺼운 솜옷 한 벌을 내주었다. 범저는 수가가 옛 친구에 대한 정의가 있다고 하여 보복하지 않고 귀국하도록 해주었다.

범저가 특별한 사람이니까 가능한 일이라고 생각하는가? 범저는 집이 가난하여 일자리를 얻지 못했다. 결코 특별하지 않다. 어쩌면 당신이 처한 상황이 훨씬 더 나을지 모른다. 오해를 받아 심한 매를 맞고, 갈비뼈와 이빨도 부러져 나갔으며, 멍석으로 둘둘 말려 뒷간에 버려진 신세가 되었다. 당신은 이런 경험이 있는가? 70~80년대 학생운동이나 반정부 활동을 한 인사들이 어딘가로 끌려가 이와 비슷한 경험을 했다는 이야기를 들은 적이 있지만 특별한 경우다.

이 정도면 범저가 포기할 만도 하지 않은가. '파도가 아가리를 쳐들고 달려드는 곳'에서 '살기 위해서는 이제 뒷걸음질만이 허락된 것'이라고 스스로 위로하며 어딘가에 숨어 조용히 살 수도 있었다. 하지만 범저는 포기하지 않았다. 겨우겨우 진나라로 건너가서는 뜻을 펼치기 위해 다시 때를 기다렸다. 범저는 알고 있었을까? '위태로움 속에 아름다움이 스며 있다는 것'을.

떨어져도
튀는 공이 되어

대학 1학년 때 터미널에서 버스를 기다리다 선배를 만났다. 선배는 꿈의 크기를 공에 비유해 이야기했다. 1학년 때는 꿈의 크기가 운동회 때 공굴리기 공만큼 컸다는 것이다. 그런데 학년이 올라갈수록 농구공 축구공 핸드볼 공으로 점차 줄더니 이제는 탁구공만 하게 줄었다고 했다. 그때는 웃어넘겼는데 나도 나이를 먹으니 그렇게 되었다. 아마 많은 사람이 그럴 것이다. 꿈이 줄어드는 이유는 뭘까? 현실의 벽이 너무 높기 때문일까? 아니면 그 벽을 뛰어넘을 만큼 노력을 덜했기 때문일까?

아무리 공이 커도 바람이 빠지면 끝이다. 정현종 시인의 〈떨어져도 튀는 공처럼〉 되려면 바람이 빵빵해야 한다.

그래 살아봐야지
너도나도 공이 되어
떨어져도 튀는 공이 되어

살아봐야지

쓰러지는 법이 없는 둥근
공처럼, 탄력의 나라의
왕자처럼

가볍게 떠올라야지
곧 움직일 준비 되어 있는 꼴
둥근 공이 되어

옳지 최선의 꼴
지금의 네 모습처럼
떨어져도 튀어 오르는 공
쓰러지는 법이 없는 공이 되어.

-〈떨어져도 튀는 공처럼〉, 정현종

당신은 꿈을 성취해 가는 과정에서 떨어져 보았는가? 쓰러진 적은 있는가? 떨어진 자리에 푹석 주저앉으면 바람 빠진 공이다. 바람(air)을 바람(wish)으로 바꿔 생각해보자. 공은 바람(air)이 빠지면 떨어졌을 때 튀어 오르지 못하고, 사람은 바람(wish)이 빠지면 쓰러졌을 때 다시 일어나지 못한다. 바람으로 가득 찬 사람만이 튀어 오른다. 튀는 공처럼 바람으로 가득 찬 사람 이야기를 들어보자. 앞에서 소개한 범저도 떨어진 자리에 주저앉지 않고 공처럼 튀어 올랐다. 비슷한 인물 한 명을 더 살펴보자. 오자서(伍子胥)가 그 주인공이다.

오자서는 초(楚)나라 사람으로 이름은 오원이다. 아버지는 오사, 형은 오상이며, 선조로 오거가 있었다. 오거는 초 장왕을 바른말로 섬겨 이름을 드러냈기 때문에 후손이 초나라에서 명망 있는 집안이 되었다.

초나라 평왕에게 건이라는 태자가 있었다. 태자 교육을 위하여 오사를 태부로, 비무기를 소부로 삼았다. 평왕이 비무기에게 태자를 위해 진(秦)나라에서 아내를 맞이해오도록 했다. 비무기가 보기에 진나라 여자가 무척 예뻤던 모양이다. 비무기는 달려와 평왕에게 "진나라 여자가 절세미인이니 왕께서 취하시고, 태자를 위해서는 다른 여자를 얻게 하십시오" 하고 보고했다. 평왕이 마침내 진나라 여자를 후궁으로 들이고, 태자에게는 다른 여자를 취하게 했다. 며느릿감을 자기 부인으로 들인다는 게 상식으로는 받아들여지지 않는다. 그 왕에 그 신하라고 밖에 달리 말하기 어렵다. 평왕은 진나라 여자를 특별히 총애하더니 아들 진을 낳았다.

비무기는 진나라 여자로 하여금 평왕 비위를 맞추게 하고, 자신도 태자를 떠나 평왕을 섬겼다. 그런데 비무기 생각에 평왕이 죽고 태자가 즉위하면, 태자가 자기를 가만두지 않겠다는 생각이 들었다. 태자를 내쫓지 않으면 생명이 위험한 처지였다. 이에 비무기는 평왕에게 태자를 헐뜯기 시작했다. 게다가 태자 어머니는 채나라 여자로 평왕에게 총애를 받지 못했다. 평왕이 갈수록 태자를 멀리하여 태자에게 성보를 지키며 변방을 수비하게 했다. 비무기는 여기서 끝나지 않고 밤낮으로 왕에게 태자를 모함했다.

"태자는 진나라 여자 때문에 왕을 원망하지 않을 수 없을 겁니다. 왕께서는 미리 대비하시기 바랍니다. 태자는 성보에 거처할 때부터 군을 거느리고 밖으로 제후들과 교류하면서 들어와 난을 일으키고자 합니다."

평왕이 바로 태부 오사를 불러 태자가 무슨 일을 꾸미는지 캐물었다. 오사는 비무기가 평왕에게 태자를 헐뜯었다는 사실을 알고는 따져 물었다.

"왕께서는 어찌하여 소인배 놈이 하는 헐뜯는 말만 듣고 골육의 정을 멀리하려 하십니까?"

비무기가 말했다.

"왕께서 지금 태자를 제압하지 않으면 태자가 난을 도모할 것이고, 오히려 전하께서 붙잡히실 겁니다."

평왕은 크게 노하며 오사를 가두고 성보에 있는 사마(병조판서) 분양에게 태자를 죽이라고 명했다. 일행이 도착하기 전에 분양은 태자에게 미리 사람을 보내 알렸다.

"태자께서는 빨리 도망가십시오. 그렇지 않으면 곧 죽게 될 것입니다."

이에 태자 건은 송나라로 도망쳤다.

비무기가 평왕에게 "오사에게는 아들 둘이 있는데, 모두 똑똑합니다. 죽이지 않으면 초나라에 근심거리가 될 것입니다. 아비를 인질로 잡고 부르십시오. 그렇지 않으면 초나라의 우환이 됩니다" 하고 부추겼다. 이제부터 오자서(오원)는 떨어지는 공이 된다. 평왕은 오사에게 사신을 보내 "너의 두 아들을 부르면 살겠지만, 그렇지 않으면 죽는다" 하고 위협했다. 오사는 "오상은 사람이 어질어 부르면 틀림없이 올 것이다. 오원은 사람이 강하고 독하며 치욕도 견뎌내어 큰일을 할 수 있다. 그 애는 왔다가는 함께 잡힐 것이 뻔히 보이니 분명 오지 않을 것이다" 하고 대꾸했다. 평왕은 듣지 않고 사람을 보내 두 아들을 부르면서 "오면 내가 너희 아비를 살려주겠지만, 오지 않으면 바로 죽이겠다" 하고 협박했다.

치욕을 참을 수 있어야 큰일을 한다

오상은 가고자 했으나, 오원은 "초나라에서 우리 형제를 부르는 이유는 아버지를 살려주려는 까닭이 아니라, 우리가 탈출하여 훗날 근심거리가 될까 두려워서 아버지를 인질로 잡고 우리를 부르는 겁니다. 우리가 가면 아버지와 아들 모두 죽습니다. 아버지를 살리는 데 무슨 보탬이 되겠습니까? 갔다가는 아무도 복수하지 못할 뿐입니다. 다른 나라로 도망쳐 그 힘을 빌려 아버지 치욕을 갚는 게 낫지, 다 같이 죽으면 아무 의미가 없습니다" 하고 주장했다.

이에 오상은 이렇게 대꾸했다.

"간다고 해서 아버지 목숨을 구하지 못한다는 사실은 나도 안다. 하지만 아버지께서 목숨을 구하기 위해 나를 부르시는데. 가지 않고 이후 치욕도 갚지 못한다면 결국은 천하의 웃음거리가 될 뿐이다. 너는 도망가거라! 너는 아버지를 죽인 원수를 갚을 수 있을 것이다. 나는 돌아가 죽겠다."

오자서는 달아났다. 오사의 두 아들에 대한 평이 흥미롭다. 오상은 사람이 어질고, 오원은 강하고 독하며 치욕도 참을 수 있다고 평가했다. 평화롭고 안락한 시기에는 두 아들 모두 그런대로 잘 산다. 그러나 위기의 순간에는 강하고 독하며 치욕을 견뎌내는 오원이 큰일을 한다. 뭔가를 도모하다 실패하면 어떤가? 오상은 이후 치욕도 갚지 못한다면 결국은 천하의 웃음거리가 될 뿐이라고 생각했다. 실패했을 때 다른 사람이 어떻게 볼지 걱정하고 있으니 큰일을 도모하기에는 소심하다.

그 후 오자서는 송나라에 있는 태자 건을 찾아가서 따랐다. 오자서는 태자 건과 함께 정나라와 진나라로 옮겨다녔다. 태자 건이 죽자 건의 아들 승과 함께 오나라로 달아났다. 죽을 고비를 넘기고, 병이 나서 먹을거리를 구걸하며 오나라에 도착했다. 오나라에 이르렀을 때, 오왕 요(僚)가 막 집권했고 공자 광(光)은 장군이었다. 오자서는 공자 광을 통해 오왕을 만나고자 했다.

지금까지 오자서는 떨어진 공의 신세였지만, 오나라에서 다시 튀어 오를 준비를 시작한다. 시간이 많이 흘렀다. 초나라와 오나라 국경이 맞닿은 초나라 땅 종리와 오나라 땅 비량지는 모두 누에를 쳤다. 두 지역 여자들이 뽕나무를 두고 다투었는데, 일이 커져 두 나라가 군대를 일으키는 상황으로 확대되었다. 오나라는 공자 광에게 초나라를 정벌하게 하여 종리와 거소를 함락하고 돌아왔다. 오자서가 오왕 요에게 "초나라를 깰 수 있습니다. 다시 공자 광을 보내시기를 바랍니다" 하고 유세했다.

공자 광은 오왕에게 "오자서는 아버지와 형이 초나라에서 피살당했습니다. 왕께 초나라를 치라고 하는 이유는 자신의 원수를 갚고 싶어서입니다. 초나라를 정벌해도 깰 수 없습니다" 하고 반대했다. 오자서는 공자 광이 왕을 죽이고 나라를 차지하려는 은밀한 뜻이 있어 대외적인 일을 말할 때가 아님을 알고는 공자 광에게 전제(專諸)를 추천하고는 물러나 태자 건의 아들 승과 야외에서 농사를 지었다.

5년이 지나 초나라 평왕이 죽었다. 당초 평왕은 태자 건의 아내가 될 진나라 여자를 빼앗아 아들 진을 낳았다. 평왕이 죽자 진이 뒤를 이어 소왕(昭王)이 되었다. 오왕 요는 초나라 상(喪)을 이용하여 두 공자에게 군대를 거느리고 가서 초나라를 기습하게 했으나, 초나라가 군대를 징발하여 오나라 군대의 퇴로를 끊어 돌아오지 못했다. 오나라 내부가 비자 공자 광은 전제를 시켜 오왕 요를 습격하여 찔러 죽이고 스스로 왕위에 올랐다. 오왕 합려(闔廬)다. 합려가 즉위하여 뜻을 이루자 바로 오자서를 불러 함께 나랏일을 도모했다. 떨어진 공이 튀어 오르는 순간이었다.

합려는 즉위 3년(기원전 512년)에 군대를 일으켜 오자서, 백비와 함께 초나라를 쳐서 서를 함락하고 마침내 과거 오나라를 배반한 두 장군(공자)를 잡았다. 내친김에 영(郢)까지 가려고 하자 장군 손무가 "인민들이 지쳐 있어 안 됩니다. 잠시 기다리시지요" 하고 만류하여 바로 돌아왔다.

합려 9년에 오왕 합려가 오자서와 손무에게 물었다.

"처음에 그대들은 영(郢)에 들어갈 수 없다고 했는데, 지금은 어떻소?"

두 사람은 대답했다.

"초나라 장수 낭와는 욕심이 많고, 당(唐)나라와 채(蔡)나라가 모두 그를 원망하고 있습니다. 왕께서 기어코 초나라를 크게 정벌하시겠다면 반드시 당나라와 채나라를 먼저 얻어야만 합니다."

합려가 그 말을 들어 군사를 모조리 일으켜 당나라, 채나라와 함께 초나라를 공격하여 초나라와 한수(漢水)를 끼고 진을 쳤다. 오왕의 동생 부개가 군대를 거느리고 따르길 청했으나, 왕이 들어주지 않자 결국 자신에게 속한 5천 명으로 초나라의 장수 자상을 공격했다. 자상이 패하여 정나라로 달아났다. 이에 오나라는 승기를 타고 전진하여 다섯 번 싸워 마침내 영(郢)에 이르렀다. 오나라 병사들이 영에 들어왔을 때 오자서는 소왕을 찾았으나 찾지 못하자, 초나라 평왕의 무덤을 파헤쳐 시신을 꺼내 300번 채찍질을 가한 다음 그만두었다.

이 무렵 오나라는 오자서와 손무의 지략으로 서쪽으로는 강한 초나라를 격파하고, 북쪽으로는 제나라와 진(晉)나라에 위세를 떨치고, 남으로는 월나라를 속국으로 만들었다. 춘추시대 패자로 일어선 것이다.

사마천은 《사기》에서 오자서를 이렇게 평가했다.

"오자서가 오사를 따라 죽었더라면 땅강아지나 개미와 무엇이 달랐겠는가? 작은 의리를 버리고 큰 치욕을 갚아 이름을 후세에 남겼으니 참으로 비장하구나! 오자서는 강에서 곤궁에 빠지고 길에서 구걸하면서 단 한시도 초나라를 잊지 못했을 것이다. 그래서 치욕을 견디고 공명을 세웠으니 장렬한 대장부가 아니고서야 누가 이렇게 하겠는가?"

오자서는 떨어질 때까지 떨어지고 쓰러질 때까지 쓰러졌다. 그러나 그 자리에 주저앉지 않았다. '쓰러지는 법이 없는 둥근 공처럼' 다시 튀어 올랐다. 바람(wish)이 있었기 때문이다. '옳지 최선의 꼴 지금의 네 모습처럼.' 어떤가. 당신 가슴은 바람으로 꽉 차 있는가?

미끄러지고 미끄러지길 수백 번

런던올림픽 남자 도마 결선에서 양학선은 당시까지 존재하지 않던 '난도 7.4'의 새로운 기술을 선보이며 금메달을 목에 걸었다. 5초를 위해 5만 번을 연습했다는 사실은 기술을 완성하기 위해 양학선이 얼마나 노력했는지 잘 보여준다. 양학선은 언론 인터뷰에서 "중요한 건 힘든 시기를 버텨낸 힘이다. 한순간도 포기하지 않았다"고 밝혔다.

고재종의 시 〈첫사랑〉을 읽으며 도전을 생각했다. '흔들리는 나뭇가지에 꽃 한 번 피우려고' 눈이 도전을 멈추지 않듯, 끊임없이 도전하는 사람이 있다. 양학선 같은 사람이다. '미끄러지고 미끄러지길 수백 번', 그때까지 자신감을 잃지 않을 사람이 몇이나 될까. 대부분은 '그저께도 실패하고 어제도 실패하면 어차피 실패할 일인데 또 시도할 필요가 있을까?' 하는 생각으로 도전을 포기한다. 무기력증에 빠지는 것이다. 양학선이 대단한 이유다.

흔들리는 나뭇가지에 꽃 한 번 피우려고
눈은 얼마나 많은 도전을 멈추지 않았으랴.
싸그락 싸그락 두드려 보았겠지.

난분분 난분분 춤추었겠지.

미끄러지고 미끄러지길 수백 번,

바람 한 자락 불면 획 날아갈 사랑을 위하여

햇솜 같은 마음을 다 퍼부어 준 다음에야

마침내 피워 낸 저 황홀 보아라

봄이면 가지는 그 한번 덴 자리에

세상에서 가장 아름다운 상처를 터뜨린다.

—〈첫사랑〉, 고재종

비가 내렸다. 길이 질척거렸다. 소진은 이제 지쳤다. 젊은 시절 제 (齊)나라에 가서 공부했으나, 말직 하나 얻지 못했다. 여기저기 유력자에게 선을 댔지만, 가진 것 없는 그에게 돌아올 자리는 없었다. 오랜 세월 타지에서 허송하며 방랑한 끝에 고향으로 돌아왔다. 시커멓게 탄 얼굴에 옷은 해지고, 그야말로 거지꼴도 이보다는 나았을 것이다. 형제를 비롯하여 고향에 있는 일가친척 모두가 은근히 비웃으며 말하였다.

"주나라 관습에는 논밭을 경작하거나 상업에 힘써 2할 이익을 보려고 하는 것이 사람의 의무인데, 본업을 버리고 다만 혀끝의 말솜씨에 힘쓰고 있으니 곤궁해지는 것은 당연하지 않겠는가?"

실패한 사람에게 비아냥거림은 예나 지금이나 같다. 그렇다고 소진은 절망하거나 포기하지 않았다. 절망하지 않는다고 부끄러움까지 모를 정도로 뻔뻔하지는 않았다. 대놓고 면박하지 않았다고 모를 일인가. 무시하고 비웃으며 수군대는 소리가 가슴에 비수처럼 꽂혔다. 소진은 방에 틀어박혔다. 여기서 포기할 수는 없었다.

'도대체 선비로서 머리 숙여 가며 학문을 하고도 벼슬과 영화를 얻지 못한다면, 아무리 많은 책을 읽은들 무슨 소용이 있겠는가?'

생각은 깊고 이상은 높았다. 소진은 결심했다. 다시 책을 들었다. 지독한 세월을 보냈다. 일 년 정도 지났을까. 머리에 새로운 아이디어가 번뜩했다.

'그래! 합종이다.'

포기하지 않고 꽃을 피우는 집념

주 왕실의 수많은 분봉국은 춘추시대를 거치며 힘센 나라에 합병되어 갔다. 전국시대로 접어들면서 전국 7웅이라 하여 진(秦), 초(楚), 제(齊), 연(燕), 조(趙), 위(魏), 한(韓) 일곱 나라가 자웅을 겨루게 되었다. 전국시대 말기가 되면서 힘의 균형은 깨지고, 진(秦)나라가 절대 강자가 되었다. 합종설은 절대 강자 진나라에 대항하여 여섯 나라가 군사 동맹을 맺자는 주장이었다. 소진은 합종설을 들고 먼저 연나라 왕을 설득하는 데 성공했으나, 다른 나라 동의가 없으면 허사였다. 이에 소진은 조, 한, 위, 제, 초나라를 차례로 돌며 6국이 힘을 합쳐 진나라에 대항해야 한다는 논리를 폈다. 먼저 여섯 나라 가운데 초나라 왕을 만나 유세하는 장면을 보자.

"초나라는 천하의 강국이며, 대왕께서는 천하의 현군이십니다. (중략) 초나라 땅은 사방 5천여 리, 무장 병력 100만 명, 전차 1천 승, 기마 1만 필, 식량은 10년을 지탱할 수가 있습니다. 이것은 패왕이 되기에 충분한 조건입니다. 나라는 강대하고 임금이 현명하니, 천하에서 초나라에 대항할 자가 없습니다. 이처럼 큰 나라가 서쪽을 향해 진나라를 섬긴다고 하면, 제후들도 서쪽을 향해 함양(진나라 수도)의 장대 아래에서 조회하지 않는 자가 없을 것입니다. 진나라에 방해되는 나라로서 초나라만한 나라가 없습니다. 초나라가 강하면 진나라는 약해지고, 진나라가 강하면 초나라는 약해지는 것이니 그 세력은 양립하지 못합니다. 그러므로 대왕을 위해 계책을 세워 드리건대, 여섯 나라가 서로 합종하여 진나라를 고립시키느니만 못합니다. 대왕께서 화친하지 않고 있을 때 진나라는 틀림없이 수륙의 군사를 일으켜 하나의 군대는 무관으로 나가고, 하나의 군대는 검중으로 내려보낼 것이므로, 그렇게 되면 수도 언·영은 뒤흔들리고 말 것입니다. 신이 듣건대 '흐트러지기 전에 다스리고, 해로운 일이 일어나기 전에 수습한다'는 말이 있습니다. 화를 만나 걱정한다면 늦습니다. 대왕께서는 어서 빨리 이를 깊이 헤아려 주시기를 바랍니다. 만약 대왕께서 진실로 제 말을 따르신다면, 저는 산동의 제후들에게 계절마다 공물을 바쳐 대왕의 밝으신 가르침을 신봉케 하고, 그들의 국가를 위탁하고 종묘에 봉사하고, 병사들을 훈련하고 무기를 만들어 대왕의 뜻대로 부릴 수 있도록 해 드리겠습니다. 대왕께서 진실로 저의 계책을 채용해 주시면, 한·위·제·연·조·위나라의 아름다운 음악과 미인은 임금의 후궁에 가득 차고, 연·대의 낙타와 훌륭한 말들은 틀림없이 왕의 마구간에 가득 채워질 것입니다. 그러므로 합종이 성공하면 초나라가 천하의 패자가 되는 것이요, 연횡이 성공하면 진나라가 천하의 황제가 되는 것입니다. 이제 대왕께서 패왕의 사업을 버리고 남의 신하가 되는 오명을 뒤집어쓰려는 것은 해서는 안 될 일이라 여깁니다. 대체로 진나라는 호랑이나 이리 같은 나라로서 천하를 집어삼킬 야심을 품고 있습니다. 진나라는 천하의 원수라 할 수 있습니다. 연횡을 주장하는 자들은 모두 제후들의 땅을 쪼개어 진나라에 바치려고 하나, 이것은 이른바 '원수를 길러 원수를 받들어 모신다'는 것입니다. 도대체 신하 된 자가 자신 임금의 땅을 쪼개어 호랑이나 늑대 같은 진나라와 교제하고, 나아가서는 천하를 침략하도록 유도하여, 마침내 진나라 때문에 걱정거리가 생겨도 그 재앙을 돌아보지 않으며, 밖으로 진나라의 위력을 믿고, 안으로 임금을 위협하여 땅을 쪼개 주기를 원한다는 것은 대역 불충으로 이보다 더한 것이 없을 것입니다. 그러므로 만일 합종이 성립되면 제후들은 토지를 바쳐 초나라를 섬기고, 연횡이 성립되면 초나라는 땅을 떼어 진나라를 섬겨야 할 것입니다. 이 두 가지 방책은 매우 다릅니다. 대왕께서는 어느 것을 택하시겠습니까?"

소진은 초나라의 지세, 군사력, 군량미, 국제 정세 등을 세세히 꿰고, 이러한 상황 인식을 기반으로 문제를 파악한 후, 조나라 왕의 욕구를 자극하여 해결책까지 제시했다. 소진은 각국의 왕을 만나 이런 식으로 유세하여 결국 여섯 나라의 합종을 끌어냈다. 그 결과, 연합한 여섯 나라의 재상직을 동시에 겸하게 되었다. 한 나라의 재상만 해도 대단한 일인데 여섯 나라의 재상이라니, 그 위세가 어땠을까?

그 후 고향 낙양을 지나가는데, 행차가 얼마나 대단하던지 임금의 행차가 아닌가 하고 의심할 정도였다. 주나라 현왕은 소식을 듣고 두려워 길을 쓸도록 하였고, 교외까지 사람을 보내 환영하며 위로하였다. 소진의 형제와 아내, 처족들은 눈도 제대로 뜨지 못하고 고개를 들어 바라보지 못한 채 엎드려 기면서 식사 심부름을 하였다. 이에 소진이 형수에게 말하였다.

"전에는 거만하더니 어째서 지금은 이렇게도 공손하십니까?"

형수는 떨리는 몸을 구부리고 엎드려서 얼굴을 땅에 대고 사과하였다.

"계자님의 지위가 귀하고 재물이 많은 것을 보았기 때문입니다."

소진은 탄식하며 이렇게 말하였다.

"이 한 사람의 몸으로서 부귀하면 친척도 우러러보지만, 비천해지면 업신여기는데, 하물며 남이라면 어떻겠습니까? 만약 나에게 이 낙양성 밖에 비탈밭 두어 뙈기만 주었던들 내 어찌 지금 여섯 나라 재상의 도장을 차고 다닐 수 있겠습니까?"

그리하여 1천 금을 풀어 일족과 친구들에게 나누어 주었다. 소진이 처음 집을 떠날 때 남에게 100전을 빌려 노자로 삼은 적이 있었는데, 부귀한 몸이 된 지금에는 100금으로 이를 갚고, 또 일찍이 은혜를 입은 사람에게도 모두 보상하였다.

'흔들리는 나뭇가지'처럼 소진의 집안은 아무것도 없었다. 소진은 '꽃 한번 피우려고' 갖은 노력을 했으나, 실패해 거지꼴로 고향에 돌아왔다. 그러나 '마침내 피워 낸 저 황홀'을 당신은 보았는가. 중요한 것은 미끄러지고 미끄러지더라도 기어이 해내고야 마는 정신이다.

내 마음속의
고래 한 마리

몇 살부터 몇 살까지가 청년일까? 청년기본법은 19세 이상 34세 이하로 규정한다. 발달심리학에서는 13~23세까지를 청년기라고 부른다. 정부의 청년전용 창업자금 지원대상은 39세 이하다. LH 한국토지주택공사 주거복지사업 청년입주 자격은 대학생, 취업 준비생, 만 19세 이상 만 39세 이하 청년층이다. 법령이나 조례마다 조금씩 다르지만, 대략 20~30대를 일컫는다.

내가 아쉽고 후회스러운 시기는 20대와 30대 청년 시절이다. 꿈이 없지는 않았지만 간절하지도 않았고, 꼭 이루겠다는 의지도 부족했다. 허송세월했다. 다행히 40대에 접어들어 독서에 취미를 붙이고, 글을 쓰고, 책을 출간하고, 대중에게 강의하는 일을 업으로 삼으면서 마음속에 커다란 고래를 키우기 시작했다. 더 늦지 않고 방향을 잡고 산 것이 얼마나 다행인지 모른다.

정호승 시인은 마음속에 고래를 키우지 않으면 청년이 아니라고 했다. '마음속의 고래를 위하여/밤하늘 별을 바라'보는 사람은 모두 청년이다. 꿈을 지니고, 꿈이 비록 밤하늘 별처럼 아득하더라도 '수평선 위로 치솟아' 오르는 패기가 있다면 노년이라도 젊다.

푸른 바다에 고래가 없으면

푸른 바다가 아니지.

마음속에 푸른 바다의

고래 한 마리 키우지 않으면

청년이 아니지.

푸른 바다가 고래를 위하여

푸르다는 걸 아직 모르는 사람은

아직 사랑을 모르지

고래도 가끔 수평선 위로 치솟아 올라

별을 바라본다.

나도 가끔 내 마음속의 고래를 위하여

밤하늘의 별을 바라본다.

―〈고래를 위하여〉, 정호승

1921년 스탠퍼드 대학의 심리학과 교수인 루이스 터먼 박사는 1910년 전후에 태어난 소년 소녀 1,500명을 선발해, 80년 동안 이들이 어떤 삶을 살았고, 어떤 성격과 직업, 인생관을 지녔으며, 결혼이나 이혼은 했는지, 얼마나 건강했는지, 어떻게 생을 마감했는지 등을 추적하고 분석했다. 그의 장기적인 '수명연구 프로젝트'를 후배들이 이어 갔다. 그 결과, 후배 연구자들은 장수에 영향을 끼치는 새롭고 놀라운 사실을 밝혀냈는데, 크게 분류하면 성실성과 감성 지능이다.

성실한 사람이 장수한다는 사실은 지극히 상식적이다. 근검절약하고 끈기 있는 사람, 세세한 부분까지 신경 쓰는 사람, 책임감 있는 사람이 가장 오래 살았다. 성실한 사람은 약물, 흡연 등을 멀리하고, 교통 법규를 잘 지키고, 음주 운전도 하지 않으니 장수에 유리하다. 성실한 사람은 안정적인 결혼생활을 유지하고, 근무환경도 더 좋을 확률이 높고, 주변에 성실한 친구들이 많아 오래 살 가능성이 크다.

그러면 목표와 계획은 수명에 어떤 영향을 미쳤을까? 연구자들은 1980년대까지 살아 있은 남녀 참가자 720명을 조사했다. 당시 참가자는 대부분이 70세 이상이었다. 참가자들이 여전히 생산성이 높은지, 일할 의욕이 있는지, 일을 완수하는지 여부를 연구했다. 일부 참가자들은 시간제든 종일제든 여전히 돈을 받으며 일하고 있었다. 새로운 배움의 길로 들어서거나 새로운 목표를 세우거나 무언가를 배우고 수료증을 받은 사람들도 있었다. 사회 변화를 위해 일하거나 사회에 이바지하고자 하는 의욕을 내보이는 사람들도 있었다.

연구자들은 노년에 생산성이 매우 높은 사람들과 쉬엄쉬엄 일하고 공적을 쌓는 데는 별로 관심이 없는 사람들을 비교했다. 결과는 극적이었다. 그 뒤 20년(1980년대부터 2000년대까지)을 살펴보았더니 꾸준히 생산성이 높은 노인들이 태평스러운 노인들보다 훨씬 오래 살았다. 이런 생산적인 성향이 연구 참가자들의 사회적 관계나 행복감보다 더 중요하게 나타났다.

결론을 종합해 보면, 나이 든 참가자 중에 가장 오래 산 사람들은 가장 행복하거나 가장 느긋한 사람들이 아니었다. 목표를 이루기 위해 가장 열심히 노력한 사람들이 제일 오래 살았다. 생산성이 높고 열심히 일하는 사람들은 심지어 노년에도 덜 생산적인 동년배들보다 더 즐겁고 건강하며 사람들과도 잘 어울리는 경향이 있었다. 의미 있고 즐거운 일을 하는 사람들과 특히 생산성이 높은 사람들이 느긋하고 나태한 사람들보다 훨씬 행복했다.

이로써 역경을 극복하려고 열심히 일하는 것이 일반적으로 건강에 해롭지 않다는 사실은 분명해졌다. 목표를 달성하기 위해 분투하는 것, 중요한 단계에 도달한 뒤 새로운 목표를 설정하는 것, 한결같이 열심히 생산적으로 사는 태도는 장수를 위해 꼭 따라야 할 지침이다. 장수한 사람들은 업무 스트레스 때문에 일찍 죽을까봐 두려워하거나 힘든 일을 회피하지 않았다. 오히려 정반대였다.

마음속에 고래를 키우면 청춘 만년(晚年)

《사기》를 집필한 사마천도 가슴속에 커다란 고래를 키운 사람이었다. 그렇지 않다면 사형보다 더 치욕적인 궁형을 당하면서까지 살 까닭이 없었다. 내막을 들여다보자.

당시 한나라는 북쪽 흉노족 때문에 골치를 앓았다. 한무제는 이광리에게 기병 3만을 주어 흉노를 치게 하였다. 이릉에게는 이광리를 위해 보급을 담당하라는 명령을 내렸다. 이에 이릉은 머리를 조아리면서 청을 올렸다.

"신이 거느린 병사들은 용사로서 기이한 재주를 가진 검객입니다. 힘으로는 능히 호랑이를 잡으며 활을 쏘면 명중이니, 바라건대 제가 한 부대를 맡으면 난우산(蘭于山)의 남쪽에 이르러서 선우의 병사를 나뉘게 하여 그들이 전력으로 이사 장군에게 향하지 않도록 하겠습니다."

자신이 흉노의 주의를 끌어 전력을 분산하여 이광리에 대한 압박을 덜어주겠다는 의사 표시였다. 하지만 무제는 기병 전력이 부족하다고 난색을 보였다.

"장차 다른 사람에게 소속되기를 싫어하는가? 나는 군사를 많이 발동하여, 너에게 줄 기병이 없다."

그러자 이릉은 기병 쓸 일은 없고, 적은 숫자로 많은 숫자를 격파하고자 하며, 보병 5천여 명이면 충분하다고 호언장담했다. 이에 무제는 참 장하다고 여기며 허락하였다. 이릉은 보병 5천여 명을 이끌고 30일 동안 북쪽으로 나아가 준계산에 머물러 군영을 만들고, 근처의 지도를 그렸다. 휘하의 기병인 진보락(陳步樂)을 한무제에게 파견하여 전과를 보고했고, 무제는 기뻐하면서 진보락에게 벼슬을 내렸다. 본래 계획대로라면 이릉은 이광리를 돕기 위해 흉노의 시선을 돌리는 데서 끝나야만 했다. 하지만 뜻밖에도 이릉은 준계산에서 흉노와 정면으로 대치하고 말았다. 적의 주력부대와 맞닥뜨린 것이다.

당시 흉노 전력은 기병이 무려 3만이나 되었다. 그런데도 싸움은 하루에 수십 번씩이나 붙었다. 만신창이가 된 이릉의 군대가 어느 산골짜기로 들어갈 무렵, 흉노 선우는 가만두지 않고 포위하여 돌을 골짜기로 굴려 수많은 한나라 병사들을 죽였다. 이릉의 군대는 피해도 매우 크고, 적이 포위하여 진군도 불가능했다. 절망적인 상황에서 밤이 되자 이릉은 편복으로 갈아입고, 자신을 따르려는 병사들을 모두 저지하면서 말했다.

"나를 따르지 마라. 장부가 선우를 잡을 뿐이다."

즉, 혼자서 선우를 어떻게든 잡겠다는 것이었다. 될 일도 아니었지만 상황이 너무 안 좋으니 별수없었다. 하지만 무엇을 보고 온 것인지, 한참 뒤에 돌아온 이릉은 크게 탄식하면서 소리쳤다.

"우리는 졌다. 모두 죽을 것이다."

그 모습을 보고 어느 군리가 이릉에게 권하였다.

"장군의 위세는 흉노조차 벌벌 떨게 하였습니다. 단지 천명이 따르지 않았을 뿐입니다. 지금 임시로 흉노에게 항복한 뒤, 훗날 다시 길을 찾아 한으로 돌아가시면 됩니다. 착야후(浞野侯)도 포로가 되었다가 훗날 도망쳐 오니, 황제께서 따뜻하게 맞아주시지 않았습니까. 하물며 장군은 어떠하겠습니까."

이 제안에 이릉은 장부는 죽음을 두려워하지 않는다며 거절하였다. 상황이 좋지 않아 뭉쳐 있으면 모두 죽을 뿐이라며, 이릉은 병사들을 모두 해산시켰다. 각자 알아서 잘 숨어 적의 눈을 피하라며 군사들에게 두 되의 마른 식량과 얼음덩어리 한 조각씩을 주고 다른 곳에서 만나자고 기약했다. 밤중에 병사들을 깨워 이 작전을 수행하려고 했지만, 북을 두드려도 이미 북은 다 찢어져 울리지 않았다.

이릉은 10여 명과 함께 말을 타고 탈주했다. 그 뒤를 수천 명이나 되는 흉노 기병이 무시무시하게 추격해 왔다. 이릉은 폐하를 뵐 면목이 없다고 말하면서 흉노에 항복하였다. 이때 한나라 군사 5천여 명중 무사히 빠져나간 사람은 400여 명에 불과했다. 그러나 8만 기에 달하던 흉노 군대에게 1만여 명의 사상자를 냈으니, 이만하면 곤경 중에서도 무서운 활약을 한 것이었다.

처음 이릉의 패배 소식을 들은 한무제는 투항하기보다는 장렬히 전사했기를 바랐다. 나중에 들으니 이릉이 흉노에게 항복하고, 장졸은 모조리 죽었다고 했다. 한무제는 대노했다. 정말 죽을힘을 다해 싸워 최악의 상황에서 가능한 최고의 성과를 거둔 이릉이었지만, 상황은 어이없게 전개됐다. 신하들은 한무제의 분노에 편승하여 "때려잡아야 합니다", "형벌을 내려야 합니다" 하고 각박한 소리만 해댔다. 오직 한 명만이 이릉 편을 들었다. 바로 사마천이었다. 한무제가 이릉을 어떻게 생각하냐고 묻자, 사마천은 이릉을 옹호하며 이렇게 말했다.

"이릉은 부모를 섬기는 것이 효성스러웠고, 병사들과는 신의를 지켰으며, 항상 분발하여 자기 몸을 돌보지 않고서 국가의 위급함에 종사하였는데, 그가 평소에 마음속에 쌓아 놓았던 것이니, 국가의 선비라는 기풍을 갖고 있었습니다. 이번 거사에서 한번 불행하였으나, 자신의 몸을 온전히 하고 처자를 보존한 신하들이 그 단점을 부풀려서 매개하니, 진실로 슬픈 일입니다. 이릉은 보졸 5천이 못 되는 군사로 수만 명의 군사를 억눌렀으며, 오랑캐는 죽은 자를 구하고 다친 자를 부축하기에 겨를이 없었고, 활을 쏠 수 있는 백성을 다 동원하여 함께 아군을 에워싸고 공격하였는데도 이리저리 싸우면서 1천 리를 돌아오다가, 화살도 다하고 길이 막혔으나 병사들은 빈 활만 당기다가 번득이는 칼날을 무릅쓰고 북쪽으로 머리를 두고, 적과 죽기로 싸우고 사람의 죽을힘을 다하였으니, 비록 옛날의 명장이라 하여도 지나치지는 못할 것입니다. 몸은 비록 함락되어 패하였지만, 그가 꺾어서 패배시킨 일은 족히 천하에 드러났습니다. 그가 죽지 않은 것은 마땅히 한에 보답하려고 한 것이라 생각합니다."

사마천의 옹호 발언은 오히려 한무제의 화를 돋우었다. 이미 화가 머리끝까지 난 한무제는 되려 사마천이 이광리를 깎아내리고 이릉을 변호한다고 생각했고, 홧김에 사형을 내려 버렸다. 당시 법률 규정에 따르면 사형은 50만 전으로 대체하거나 궁형으로 대신할 수 있었다. 가난한 사마천은《사기》를 집필하려고 궁형이란 치욕을 선택했다. 사마천에게《사기》마무리 작업은 고래였다. '마음속에 푸른 바다의/고래 한 마리 키우지 않'았다면 치욕을 견뎌내지 못했을 것이다. 사마천이 품은 고래 덕분에《사기》는 많은 사람의 마음속에 고래를 풀어주었다.

더디게, 더디게
마침내 올 것이 온다

　기다리는 일은 설레는 일이며, 동시에 고통스러운 일이다. 때를 기다리는 일은 인내 없이는 힘들다. 인내하며 때를 기다린 위인들 이야기를 사서에서 읽다 보면 삶은 고난과 핍박의 연속이었다는 사실을 알 수 있다. 가진 것 없는 사람들, 주변 사람들에게 버림받은 사람들, 때로는 조롱을 당한 사람들이 시련을 견디며 한편으로 철저히 준비하여 결국 한 시대를 풍미했다. 이들이 오랜 기간 인내하며 기다린 힘의 원천은 무엇일까? 간절함과 절박함이다. 이성부 시인의 〈봄〉을 읽어보자.

　　기다리지 않아도 오고
　　기다림마저 잃었을 때에도 너는 온다.
　　어디 뻘밭 구석이거나
　　썩은 물웅덩이 같은 데를 기웃거리다가
　　한눈 좀 팔고, 싸움도 한 판 하고,
　　지쳐 나자빠져 있다가
　　다급한 사연 들고 달려간 바람이

흔들어 깨우면

눈 부비며 너는 더디게 온다.

더디게 더디게 마침내 올 것이 온다.

너를 보면 눈부셔

일어나 맞이할 수가 없다.

입을 열어 외치지만 소리는 굳어

나는 아무것도 미리 알릴 수가 없다.

가까스로 두 팔을 벌려 껴안아보는

너, 먼 데서 이기고 돌아온 사람아.

─〈봄〉, 이성부

봄을 희망이나 꿈, 목표라고 생각해 보자. 그것이 기다리지 않아도 오고 기다림마저 잃었을 때에도 온다면, 기막힌 운명을 타고난 사람이다. 《사기》를 보면 진짜 그런 운명을 타고난 사람들이 있다. 왕의 아들로 태어나 싫건 좋건 자리를 이어받은 사람들, 귀족 집안 태생이라 평생을 호의호식하며 산 사람들이다.

요즘 우리 사회는 공정과 능력주의 논쟁이 한창이다. 공부 열심히 해서 좋은 학교를 나오고, 좋은 직장에 들어가면 그것을 당연하게 여긴다. 실력으로 성취한 것이니 공정하다고 생각한다. 좋은 집안에서 태어나 훌륭한 뒷받침을 받은 사람과 그렇지 못한 사람의 경쟁이 공정하다고 할 수 있을까? 대부분의 사람에게 봄은 저절로 오지 않는다. '다급한 사연 들고 달려간 바람이 흔들어 깨워'야 온다. 절박하고 간절한 바람(wish)이 있어야 한다는 뜻이다. 그리고 한 가지 더, 철저한 준비가 있어야 한다.

위수(渭水)에서 낚시하며 문왕을 기다린 강태공은 일흔두 살이 될 때까지 매우 가난하게 살았다. 나루터에서 지내며 하는 일이라고는 독서와 낚시뿐이었다. 그렇다고 물고기를 잘 잡지도 못했다. 강태공이 드리운 낚시에는 바늘이 없었다. 바늘이 있지만 곧게 펴져 있었다는 말도 있다. 아무튼 물고기를 잡으려고 낚싯대를 드리운 것이 아니었다. 강태공은 물고기가 아닌 '때'를 기다렸다. 자신을 알아줄 사람을 만나 재능과 실력을 발휘할 기회를 얻고자 기다린 것이다.

문왕을 만나기 전까지 강태공은 어떻게 지냈을까. 은(殷)나라 주왕(紂王) 때에 이르러 집안이 몰락한 강태공은 천문, 지리, 병학 등 온갖 학문에 능통한 천재였다. 하지만 학식과 통찰력, 큰 뜻을 알아주는 사람이 없어 오로지 책만 읽으며 현자가 나타나기만을 기다렸다. 이러다 보니 집안 살림에 도통 관심이 없는 강태공 대신 아내 마 씨(馬氏)가 모두 짐을 떠맡게 되었다.

어느 날 강태공은 여느 때처럼 책에 파묻혀 있었다. 비가 오거든 마당에 널어놓은 강피(곡식 종류)를 꼭 거두라고 신신당부한 아내 말을 까맣게 잊은 채 소나기에 그만 강피를 모두 쓸려 보내고 말았다. 이에 진절머리가 난 아내는 그 길로 이혼을 선언하고 집을 나갔다.

혼자서 살림까지 도맡은 강태공은 오십이 넘도록 여관에서 허드렛일을 하면서 힘들게 살았고, 그 뒤로는 백정 일을 했는데 도마 위에 놓은 고기가 썩을 때까지 찾아오는 사람이 없었다고 한다. 그러다 마침내 위수 근처로 옮겨 낚시를 시작했고 오랜 세월 기다린 끝에 문왕을 만났다.

당시 중국은 은나라의 마지막 왕이었던 주왕이 달기 치마폭에 싸여 폭정을 일삼아 민심이 크게 동요하던 때였다. 이와 반대로 덕망 있는 문왕은 자신을 도와 천하를 다스릴 인재를 찾고 있었다. 그러던 어느 날 사냥을 나가기 전 사관 편(編)에게 점을 치게 했다.

"위수에서 사냥하면 장차 큰 것을 얻게 됩니다. 이것은 용도 이무기도 아니고, 호랑이도 곰도 아닙니다. 장차 패왕을 보필할 스승이며, 그 공이 3대에까지 미칠 것입니다."

이 말을 들은 문왕은 3일 동안 목욕재계를 한 후 위수로 사냥을 떠났고, 강태공과 극적으로 만난다. 비록 낡은 옷의 초라한 늙은이가 낚시를 하고 있었지만, 문왕은 그가 비범한 사람임을 한눈에 알아보았다.

절박하고 간절하게 미래를 준비해야

절박하고 간절한 바람(wish)으로 미래를 위해 철저히 준비한 사람을 한 명 더 만나보자. 연나라 소왕이다. 연 소왕이 제나라에 복수하겠다는 간절한 마음으로 인재를 불러 모아 준비한 이야기는 뒤에서 자세하게 다루겠다.

연 소왕은 난을 당하여 제나라에 크게 패하자 원한을 품고 단 하루도 복수를 잊은 적이 없었다. 그러나 나라가 작고 구석진 곳에 있어 제나라를 제압할 힘이 없었다. 이에 몸을 낮추고 인재를 존중했는데, 먼저 곽외를 예우하여 유능한 인재를 초빙하려 했다. 연 소왕이 스스로 몸을 낮추고 사람들을 후대하여 어진 자를 불러드린다는 소문을 듣고 각지에서 인재들이 연나라로 들어왔다. 악의가 위나라에서, 추연이 제나라에서, 극신이 조나라에서 찾아왔고, 숱한 선비들이 앞다투어 연나라로 몰려들었다. 연왕은 사람이 죽는 일이 생길 때마다 일일이 찾아가 조문하고 유족을 위문하며 신하들과 함께 기쁨과 고통을 같이했다. 소왕은 악의를 상장군으로 삼고 제나라에 복수할 기회를 엿보았다.

당시 제나라는 강력하여 남쪽에서 초나라에 이기고, 서쪽으로 삼진(三晉)을 관진에서 무너뜨린 다음, 마침내 삼진과 함께 진나라를 격파했으며, 조나라를 도와 중산을 멸하고, 송나라를 격파하여 땅을 1천 리 넘게 넓혔다. 이에 제나라 민왕은 교만해졌고, 백성들은 잦은 전쟁을 견뎌내지 못했다. 이에 연 소왕은 악의에게 지금 제나라를 정벌하는 게 어떠냐고 물었다. 악의의 답은 이랬다.

"제나라는 땅이 넓고 사람은 많아 혼자 공격하기란 쉽지 않습니다. 왕께서 기어이 제나라를 치시겠다면 조나라, 초나라, 위나라와 함께 공격해야 합니다."

이에 악의에게 조나라 혜문왕과 맹약을 맺게 하고, 별도로 사람을 보내 초나라, 위나라와 연합하게 한 다음, 조나라를 통해 제나라를 토벌하는 것이 유리하다고 진나라를 설득하게 했다. 제 민왕의 교만과 포악함을 미워하던 제후들은 모두 다투어 합종하여 연나라와 함께 제나라를 토벌하고자 했다.

악의가 돌아와 보고하자, 연 소왕은 군대를 총동원하고 악의를 상장군으로 삼았다. 조 혜문왕은 상국의 도장을 악의에게 주었다. 악의는 이에 조나라, 초나라, 한나라, 위나라, 연나라의 군대를 함께 통솔하여 제수 서쪽에서 제나라를 격파했다. 제후의 군대는 철수하여 돌아갔으나 연나라 군대와 악의는 계속 뒤쫓아 제나라 도성 임치에 이르렀다.

제 민왕은 제수 서쪽에서 패하자 달아나 거를 지키고 있었다. 악의는 홀로 남아 제나라를 돌며 공격했고, 제나라는 모두 성을 거점으로 수비에 들어갔다. 악의는 임치로 공격해 들어가서 제나라의 보물과 제기 등을 모두 취하여 연나라로 보냈다. 연 소왕은 크게 기뻐하며 몸소 제수로 가서 군대를 위로하여 상을 내리고 잔치를 베푸는 한편, 악의를 창국에 봉하여 창국군으로 불렀다. 이어 연 소왕은 제나라에서 노획한 것들을 거두어 연나라로 돌아왔고, 악의에게 다시 함락되지 않은 제나라 성들을 평정하게 했다.

악의가 제나라에 남아 전투를 벌인 지 5년 동안 제나라의 70여 개 성을 점령하여 군현으로 삼아 연나라 소속으로 삼았고, 거와 즉묵만을 남겨 놓았다. 오랜 준비 끝에 복수에 성공한 것이다.

'발묘조장(拔苗助長)'이란 말이 있다. 《맹자》에 나오는 이야기다. 중국 송(宋)나라에 어리석은 농부가 있었다. 모내기한 후 벼가 어느 정도 자랐는지 궁금해서 논에 가보니 다른 사람 벼보다 덜 자란 것 같았다. 농부는 궁리 끝에 벼 순을 잡아 빼보니 약간 더 자란 것 같았다. 집에 돌아와 식구들에게 온종일 벼 순을 빼느라 힘이 하나도 없다고 이야기하자 식구들이 깜짝 놀랐다. 이튿날 아들이 논에 가보니 벼는 이미 하얗게 말라죽어 있었다.

이처럼 살다보면 기다려야 할 때가 있다. 조급하지만 할 수 없다. 그냥 넋 놓고 있는 게 아니라 기회가 왔을 때 기회를 살리려면 준비를 해야 한다. 당신은 무엇을 기다리는가? 기다리는 순간이 내 앞에 왔을 때 당신은 무엇을 할 수 있는가? 잘할 수 있는가? 이런 질문을 자신에게 해보자.

강태공 역시 자신 뜻을 알아줄 현자를 기다리며 학문과 수양에 매진했다. 자신의 성공과 명예, 부귀영화보다 남을 잘되게 하려는 마음으로 끊임없이 공부하고 마음을 닦았다. 10년 동안 3,600개의 낚시를 버리면서 때를 기다린 것이다.

강태공이나 연 소왕이 지쳐 포기했다면, 언제 찾아올지 모를 '자신의 때'를 끝내 기다리지 못했다면 어떻게 되었을까? 위인들은 오랜 세월 준비하며 때를 기다렸고 결과를 만들어냈다. 그리고 후세에 이름을 남겼다. '아무것도 미리 알릴 수가 없'고 '더디게 더디게' 오지만, 준비하고 기다리면 '마침내 올 것이 온다'. '가까스로 두 팔을 벌려 껴안아보는 너, 먼 데서 이기고 돌아온' 당신아!

저 밑에는
날개도 없는 것들이 많다

"위를 보지 말고 아래를 보고 살라"는 말이 있다. 나보다 못한 사람을 보며 살라는 뜻이다. 상대적 박탈감을 느끼며 절망하는 삶은 정신 건강에 좋을 까닭이 없다. 한편 빈부 격차가 큰 자본주의 사회에서 체념하며 살라는 말 같아 썩 마음에 드는 말도 아니다. 나보다 좋은 환경, 좋은 조건에서 태어나 평생 돈 걱정 없이 사는 사람을 보면 얼마나 부러운가. 기막히게 좋은 머리를 타고나 1등을 놓치지 않고 의사, 판사, 변호사로 살아가는 사람들을 보면 박탈감을 느낀 적이 있지 않나? 재벌 2세, 3세는 또 어떤가?

하지만 아무리 달려도 제자리인 삶, 아무리 달려도 자꾸 뒤처지는 삶, 아예 출발선부터 다른 삶을 살며 스트레스를 받는다면 인생에 전혀 도움이 되지 않는다. 결핍이 동기부여가 되는 것은 맞지만, 좌절감과 패배 의식 속에서는 동기가 생기지 않는다. 처한 상황에서 용기를 얻으려면 때때로 아래를 내려다봐야 하지 않겠는가.

-아버지 송지호에서 좀 쉬었다 가요
-시베리아는 멀다

-아버지 우리는 왜 이렇게 날아야 해요

-그런 소리 말아라

저 밑에는 날개도 없는 것들이 많단다

—〈기러기 가족〉, 이상국

부정적인 일은 부정적인 생각을 몰고 온다. 이때 많은 사람이 자신감을 잃는다. 위기의 순간에 상반된 결과를 낳은 사례를 앞에서 여러건 살펴보았다. 범저, 오자서, 소진 같은 인물이다. 이 사람들이 어떤 굴욕을 당하고, 어떻게 반성하고, 무엇을 준비했는지는 앞에서 자세하게 다뤘다. 운도 따랐고, 다른 사람 도움도 있었고, 노력도 열심히 했다. 무엇보다 자신감이 있었고, 치욕을 지렛대로 사용했다. 그리하여 실패를 견디고, 반성하고 준비했다. 자신감이 없다면 이런 순간을 견디고 멋지게 일어나지 못했을 것이다.

반면 항우는 부정적 상황이 닥치자 자결하고 말았다. 자살은 도전할 용기가 없기 때문이다. 자신감이 있다면 자살할 이유가 없다. 그에게 있는 자신감은 오만이었다. 《사기》〈항우본기〉에서 항우의 마지막 모습을 들여다보자.

항왕(항우)의 군대는 해하에 방어벽을 구축하였는데, 군사는 적고 양식은 다 떨어진데다 한의 군대와 제후의 병사들이 몇 겹으로 에워싸고 있었다. 밤이 되자 한의 군대 사방에서 초나라 노랫소리가 들렸다. 항왕이 깜짝 놀라며 "한이 이미 초를 손에 넣었단 말인가!" 하고 말했다. 항왕이 밤중에 일어나 군막에서 술을 마셨다. 항왕은 우를 예뻐하여 늘 데리고 다녔고, 추라는 준마를 타고 다녔다. 이윽고 항왕은 복받쳐 오르는 비통한 심정으로 시를 지었다.

힘은 산을 뽑고 기개는 세상을 덮고도 남건만
때가 불리하고 추 또한 달리려 하지 않는구나!
추가 달리려 하지 않으니 어찌할까나
우여, 우여! 그대는 또 어찌할까나!

몇 번이고 노래를 부르니 미인도 이에 화답하였다. 항왕이 눈물을 흘리며 울자 좌우 모두 눈물을 흘리며 차마 얼굴을 쳐다보지 못하였다. 그러고는 항왕이 바로 말에 올라타니 휘하 장사 중 말을 타고 따르는 자가 800명이 넘었다. 그날 밤으로 이들은 포위를 뚫고 남쪽으로 내달렸다. 날이 밝고서야 이 사실을 안 한의 군대는 기장 관영에서 기병 5,000기를 이끌고 뒤쫓게 하였다. 항왕이 회수를 건널 무렵, 그를 따르는 기병은 100여 기에 지나지 않았다.

실패와 좌절을 극복하려면 자신의 능력을 믿어야

항왕이 음릉에 이르러 길을 잃었다. 한 농부에게 물으니 "왼쪽으로 가십시오" 하고 거짓말을 하였다. 왼쪽으로 갔더니 큰 늪에 빠졌고 이 때문에 한이 바짝 뒤쫓아 오게 되었다. 항왕이 다시 병사를 이끌고 동쪽으로 가서 도성에 이르니 겨우 28기만 남았다. 뒤쫓아 오는 한의 기병 수는 수천 기에 달했다. 항왕은 벗어나지 못하리라 판단하고 기병들에게 말하였다.

"내가 병사를 일으키고 지금까지 8년이다. 몸소 70여 차례 전투를 치렀다. 맞선 자는 격파하고 공격한 자에게는 항복을 받으면서 패배를 몰랐기에 마침내 천하를 제패하였다. 그러나 지금 갑자기 이곳에서 곤경에 처하였으니, 이는 하늘이 날 망하게 하려는 것이지, 내가 싸움을 잘못한 죄가 아니다. 오늘 정녕 죽기를 각오하고 그대들을 위해 통쾌하게 싸워 반드시 세 번 승리함으로써 포위를 뚫고 적장의 목을 베고 깃발을 쓰러뜨릴 것이다. 그리하여 그대들이 하늘이 날 망하게 하려는 것이지 싸움을 못한 죄가 아니라는 사실을 알게 하겠노라."

곧 기병을 네 부대로 나누어 사방으로 돌진하게 하였다. 한의 군대가 여러 겹으로 포위하였다. 항왕이 기병에게 "내가 그대들을 위해 저 장수를 베리라" 하고는 기병들에게 사방으로 말을 달려 내려가 산 동쪽의 세 지점에서 만나자고 약속하였다. 이어 항왕은 고함을 지르며 말을 아래로 몰아 달려가니, 한의 군대는 엎어지고 쓰러졌다. 마침내 한의 장수 하나를 베었다. 이때 적천후가 기장이 되어 항왕을 뒤쫓았는데 항왕이 눈을 부라리며 꾸짖으니 적천후의 사람과 말이 모두 놀라 몇 리 밖으로 줄행랑을 쳤다. 항왕은 세 지점에서 기병들과 만났다.

항왕이 간 곳을 놓친 한의 군대는 군을 셋으로 나누어 다시 항왕을 포위하였다. 항왕이 말을 달려 다시 한의 도위 하나를 베고 수백 명을 죽였다. 그러고는 다시 기병을 모으니 단 두 명이 죽었을 뿐이었다. 이에 기병들에게 "어떠냐?" 하고 묻자 기병들이 모두 엎드려서 "대왕의 말씀 대로입니다" 하였다. 항왕은 동쪽으로 오강을 건너려고 하였다. 오강의 정장이 배를 강 언덕에 대고 기다리다가 항왕에게 "강동은 작기는 하지만 땅이 사방 천 리요, 백성 수가 수십만이니 왕이 되시기에 충분한 곳입니다. 원하옵건대, 대왕께서는 서둘러 건너십시오. 지금 저에게만 배가 있으니 한의 군대가 온다 해도 건너지 못합니다" 하고 말했다. 항왕은 웃으며 말하였다.

"하늘이 날 망하게 하려는데 내가 건너서 무얼 하겠는가! 게다가 강동의 젊은이 8천 명이 나와 함께 강을 건너 서쪽으로 갔다가 지금 한 사람도 돌아오지 못하였다. 설사 강동의 부형들이 불쌍히 여겨 나를 왕으로 삼는다 한들 내가 무슨 면목으로 그들을 대하겠는가? 그들이 말하지 않아도 이 항적의 마음은 부끄럽지 않을 수 있겠는가?"

그러고는 정장에게 말했다.

"그대가 장자라는 것을 안다. 내가 이 말을 5년이나 탔는데 당해 낸 적이 없었다. 하루에 천 리를 달렸다. 차마 녀석을 죽일 수 없으니 그대에게 주겠다."

곧 기병들에게 말에서 내려 걷게 하고 짧은 무기만 들고 싸우게 하였다. 항적 혼자 한의 군대 수백 명을 죽였다. 항왕 역시 열 군데가 넘게 부상하였다. 한의 기사 여마동을 돌아보며 "네 놈은 예전의 내 부하가 아니더냐?" 하고 묻자, 여마동이 항왕을 정면으로 바라보더니 왕예에게 "이 자가 바로 항왕입니다" 하고 지목하였다. 그러자 항왕은 "듣자 하니 내 머리에 천금과 읍 1만 호가 걸려있다고 하니, 내가 너를 위해 덕을 베풀겠다" 하고 말한 뒤 스스로 목을 찌르고 죽었다.

사마천은 항우를 이렇게 평가했다.

자신의 전공을 자랑하고 사사로운 지혜만 앞세워 옛것을 배우지 못하였다. 패왕의 대업이라며 힘으로 천하를 정복하고 경영하려 하니 5년 만에 나라를 망치고 몸은 동성에서 죽으면서 여전히 깨닫지 못하고 자신을 책망할 줄 몰랐으니, 이것이 잘못이다. 그런데도 '하늘이 나를 망하게 하려는 것이지 내가 싸움을 잘못한 죄가 아니다'라고 하며 핑계를 대었으니, 어찌 황당하지 않겠는가?

'하늘이 망하게 한다'는 말은 운이 없다는 말 아닌가? 어려운 상황을 만나면 이렇게 운 탓을 하는 사람이 있다. 나름대로 열심히 하는데 일이 풀리지 않을 때 꼭 운이 없다고 한다. 이것이야말로 '깨닫지 못하고 자신을 책망할 줄 모르는' 처사다. 오만이다. 자신감이란 무엇인가? 자신의 능력을 믿는 것이다. 실패나 좌절 따위로 나락에 떨어져 있지만, 어찌 됐든 자신에게 능력이 있다는 사실을 믿는 것이다.

진정한 자신감을 찾으려면 자신의 과거와 현재 모습에 자부심을 느껴야 한다. 자신을 깎아내리는 말이나 생각을 해서는 안 된다. '나는 못해', '내 주제에'처럼 자기를 비하하는 말이나 '내 주제에 그게 가능하겠어?', '내가 뭘 하겠어?' 같은 부정적인 질문은 얼마 남지 않은 자신감마저 깡그리 긁어 버린다. 비록 마음속에서 자신감이 사라지는 순간이라도 '의도적'으로 자신감을 불어넣는 말을 중얼거리는 것이 중요하다. 그리고 '의도적'으로 자신감 있게 행동해야 한다. '의도적'인 자기 암시는 생각보다 강한 영향력이 있다.

홀로 환하게 빛나는 그게
너였으면 좋겠다

계절의 변화는 경이롭다. 아무것도 없을 것 같은, 저기에 뭐가 있겠냐 싶은, 눈과 얼음으로 뒤덮인 산과 들에 봄이 오면 꽃과 신록으로 가득 찬 광경은 무엇보다 놀랍다. 산과 들은 저절로 몸을 데워 꽃과 초록을 밀어 올렸을까? 자연 현상이니 저절로 그렇게 됐다고 생각할 수 있다. 인간의 손을 타지 않은 건 맞다. 그런데 산과 들에 태양 없다면 눈과 얼음을 녹이며 봄을 맞이할 수 있을까?

얼음새꽃도 마찬가지다. 얼음새꽃은 이름대로 '눈과 얼음의 틈새를 뚫고' 나온다. 사람들이 얼음새꽃을 보고 환호하는 까닭은 혹한을 이기고 피어났기 때문이다. 얼음새꽃은 햇볕이 날 때 활짝 핀다. 노란 꽃잎 표면에 빛이 반사되면 약간의 열이 발생한다. 이때 생긴 열이 꽃 윗부분에 있는 눈을 녹인다고 한다. 자연 현상이지만 감탄스럽다. 그런데 햇볕의 조력이 없다면 노란 꽃잎에 빛이 반사되는 일도, 눈을 녹이는 일도 일어나지 않는다. 스스로 이룬 것 같지만, 스스로 이룬 게 아니라는 말이다. 우리가 스스로 뭔가 큰일을 이루었을 때 감사해야 하는 이유다. 곽효환의 시 〈얼음새꽃〉을 감상해보자.

아직 잔설 그득한 겨울 골짜기

다시금 삭풍 불고 나무들 울다

꽁꽁 얼었던 샛강도 누군가 그리워

바닥부터 조금씩 물길을 열어 흐르고

눈과 얼음의 틈새를 뚫고

가장 먼저 밀어 올리는 생명의 경이

차디찬 계절의 끝을 온몸으로 지탱하는 가녀린 새순

마침내 노오란 꽃망울 머금어 터뜨리는

겨울 샛강, 절벽, 골짜기 바위틈의

들꽃, 들꽃들

저만치서 홀로 환하게 빛나는

그게 너였으면 좋겠다

아니 너다

—〈얼음새꽃〉, 곽효환

　　우리는 얼음새꽃 같은 사람을 자주 본다. 올림픽 경기에서 메달을 딴 선수의 가정 형편이 어렵다느니, 국가고시에 합격했는데 소년 가장이라느니, 불리한 여건에서 기업을 일으켜 세웠다는 기사 같은 것 말이다. '차디찬 계절의 끝을 온몸으로 지탱하는' 사람들이 '마침내 노오란 꽃망울 머금어 터뜨리는' 순간에 우리는 손뼉 치고 눈물을 흘린다.

　　계포(季布)는 전국시대 말기 초(楚)나라 사람이다. 초나라에서 계포는 씩씩하고 의리 있는 사람으로 유명했다. 유방과 항우가 건곤일척

천하 패권을 놓고 다툴 때 항우가 이끄는 군대의 장군이 되어 여러 차례 유방을 궁지에 몰아넣었다. 초한전(楚漢戰)에서 항우가 패하고 멸망하자 한고조(高祖) 유방은 현상금을 내걸어 계포를 수배했다. 숨겨주는 자에게는 죄가 삼족에 미칠 것이라고 엄령까지 내렸다. 계포에게 겨울이 시작된 것이다. 계포에게 봄은 어떻게 다가왔을까? 계포를 도운 조력자에게 관심을 기울여 보자.

계포는 복양의 주씨(周氏) 집에 숨어들었다. 주씨가 계포에게 말했다.

"한나라에서 현상금을 걸어 장군을 급히 찾고 있으니 행방을 쫓아 곧 제 집에 들이닥칠 것입니다. 장군께서 제 말을 들어주신다면 제가 감히 계책을 말씀드리겠지만, 따르지 못하겠으면 먼저 자결하여 주십시오."

계포가 동의했다. 주씨는 계포의 머리를 깎고 목에 칼을 채우고 허름한 베옷을 입힌 뒤 수레에 실어 하인 수십 명과 함께 노땅에 이르러 주가(朱家)에게 팔았다. 주가가 어떤 사람인지 알면 주씨가 계포를 왜 주가에게 팔았는지 알 수 있다.《사기》〈유협열전〉에는 주가를 이렇게 평해 놓았다.

숨겨준 호걸들이 100여 명이었고, 나머지 보통 사람은 말하지 못할 정도로 많았다. 그러나 끝까지 자신의 능력을 떠벌리지 않고, 자신의 덕을 내세우지 않으며, 베푼 사람들과 만나는 것을 꺼렸다. 넉넉지 못한 사람을 구제할 때는 가난하고 천한 사람부터 시작했다. 집에 남아도는 재물은 없었다. 옷은 무늬가 보이지 않을 정도까지 입었다. 음식은 두 가지 이상을 먹지 않았다. 타는 것도 소달구지가 전부였다. 오로지 남이 급할 때 달려가는 데 자신 일보다 더 심각하게 여겼다. 일찍이 곤경에 빠진 계포 장군을 몰래 구해주었는데, 계포가 나중에 귀한 몸이 되었지만 죽을 때까지 계포를 만나지 않았다.

이 정도 명성이라면 주씨도 주가의 명성을 들었을 테고 이미 말을 맞췄을 가능성이 크다. 주가는 마음속으로 그가 계포인 줄 알면서도 사들여 논밭을 경작토록 하고, 자기 아들에게 엄하게 말했다.

"밭일은 이 하인의 말을 따르고, 반드시 그와 같이 식사하도록 해라."

주가는 가벼운 수레를 타고 낙양으로 가서 여음후 등공을 만났다. 등공은 유방과 친구 사이로 처음 패현에서 봉기할 때부터 함께 했고, 황제로 즉위하는 데 이바지한 실세였다. 주가에게는 등공 정도라면 어쩌면 계포를 살려줄 수 있지 않을까 하는 기대가 있었다. 등공은 주가를 집에 머물게 하고, 여러 날 함께 술을 마셨다. 주가는 기회를 보다가 등공에게 물었다.

"계포가 무슨 큰 죄를 지었기에 황제께서 그렇게 급하게 잡아들이라 하십니까?"

등공이 대답했다.

"계포는 여러 차례 항우를 위해 황제를 곤경에 빠뜨렸습니다. 황제께서 그 일에 원한을 품고 계셔서 반드시 그를 잡으려 하시는 것이오."

주가가 물었다.

"등공께서는 계포가 어떤 사람이라고 생각하십니까?"

등공이 대답했다.

"어질고 총명한 사람이오."

주가가 말했다.

"신하는 각자 자기 군주가 임명한 것이니 계포는 자기 직분을 다했을 뿐입니다. 그렇다고 항우의 신하를 모두 죽여야 한다는 말입니까? 지금 황제께서는 천하를 얻으신 지 얼마 되지 않으셨습니다. 그런데 단지 사사로운 원한으로 사람을 찾고 계십니다. 어째서 황제의 도량이 좁다는 것을 천하에 보이려 하십니까! 또한 계포와 같은 현명한 사람을 한나라가 현상금을 걸어 이렇게 급하게 찾고 있으니, 이는 계포를 북쪽의 흉노로 도주하게 하지 않으면 남월로 도주하게 할 것입니다. 무릇 장사가 미워서 적국을 이롭게 하는 것은 바로 오자서가 초평왕 묘를 파내어 그 시신에 채찍질한 것과 같은 원인을 만드는 것입니다. 등공께서는 왜 조용히 황제께 말씀들이지 않으십니까?"

등공은 허락하며 대답했다.

"그렇게 하겠소."

'꽁꽁 얼었던 샛강'이 '바닥부터 조금씩 물길을 열어 흐르'기 시작했다. 여음후 등공은 주가가 영웅호걸을 많이 숨겨주었다는 사실을 알았으므로 계포가 주가의 집에 숨어 있으려니 짐작했다.

등공은 기회를 기다리다 주가의 의도대로 황제에게 진언했다. 황제는 이에 계포를 용서하였다. 후에 황제를 알현하여 사죄하자 계포를 낭중에 임명했다. '마침내 노오란 꽃망울 머금어 터뜨리는' 순간이었다.

계포는 겨울과 같은 시련을 견뎌냈다. 머리를 깎고 목에 칼을 차고 허름한 베옷을 입은 뒤 노예로 팔렸다. 이렇게 인내하며 때를 기다리는 이유는 자기 능력을 믿었기 때문이다. 살다 보면 봄날 꽃길만 걸을 수는 없다. 계포처럼 수모를 당할 때도 있고, 이보다 더한 일도 겪을 수 있다. 이때 버텨야 한다.

계포는 욕을 당했지만 부끄러워하지 않고 아직 제대로 펼쳐보지 못한 자신의 재능을 발휘하여 끝내 한나라의 명장이 되었다. 현명한 사람은 진실로 자기 죽음을 중히 여긴다. 무릇 노비나 천한 자가 분개해 자살하는 것은 진정한 용기라 할 수 없다. 자신을 믿고 참고 견뎌낸 계포가 훌륭한 이유다. 하지만 주가나 주씨, 등공 같은 조력자가 없었다면 가능했을까. 얼음새꽃에게 햇볕의 조력이 있듯, 계포에게도 많은 조력자가 있었다. 감사한 일이다.

겨울 길섶이나 들판에 얼음새꽃만 있지는 않다. '겨울 샛강, 절벽, 골짜기 바위틈'에는 수많은 들꽃들이 자신의 꽃을 피우려고, 자신의 꿈을 키우려고 준비하고 있다. 결국엔 '저만치서 홀로 환하게 빛나는/그게 너였으면 좋겠다/아니 너다.'

2장

잃어버린 불을 꿈꾸며

썩은 살덩이 밀어내듯 쏟아버릴 것

늘어진 넥타이가 되지 않으려면

바위는 앉은 채로 도착해 있었다

그 옛날 난 타오르는 책을 읽었네

천적이 없는 새는 날개가 사라진다지

다시 끌러 새로 채우면 되는, 단추 같은 삶

사람, 아름다운 책

어깨에 힘을 주는 사람들에게

썩은 살덩이 밀어내듯 쓸어버릴 것

　10년 넘게 사용한 연구실을 정리하려 했을 때, 문제는 수천 권에 달하는 책이었다. 집으로 옮기려다 책장에 꽂힌 책을 찬찬히 들여다보았다. 필요 없는 책이 많았다. 산 지 10년이나 지난 책들, 사놓고도 읽지 않은 책들, 선물로 받았지만 내게는 도움이 되지 않는 책이 꽤 눈에 띄었다. 나에게는 불필요하지만, 다른 사람에게는 필요할지도 모르는 책이었다. 그러면서 나한테 꼭 필요한 책을 골라보았다. 대략 200~300권 정도였다. 꼭 필요한 책만 집으로 옮기고, 나머지 책은 기증하기로 마음먹었다.

　정리는 쉬운 것 같으면서도 어렵다. 오죽하면 정리 잘하는 법을 알려주는 책이 있을까. 정리할 때는 우선 필요 없는 물건을 버려야 한다. 물건을 이쪽저쪽으로 옮기기만 해서는 정리가 잘되지 않는다. 과감히 버려야 집이든 사무실이든 깔끔하게 정리된다. 사람도 마찬가지다. 자기 안에 있는 나쁜 습관이나 약점을 버려야 한다. '뿌리째 잘라 없애야' 삶을 자신이 원하는 방향으로 이끌어 갈 수 있다.

　당신은 어떤 사람인가? 결심과 계획을 잘 실천하는 사람인가? 아니면 자주 포기하는 사람인가? 중요한 계획을 세우고도 잘못된 습관 때문에 실패한 적은 없는가? 자주 분노 조절에 실패하는가? 충동적으로 결정하는 경우는 많은가? 지나치게 소심하거나 우유부단한가? 공감을 잘하는가, 못하는가? 당신 인생에서 '이것'만 버리면 지금보다 나은 인생을 살 것 같은 약점이나 습관은 무엇이 있는가? 최영미 시인의 시 〈대청소〉를 감상해 보자.

봄이 오면
손톱을 깎아야지
깎아도 깎아도 또 자라나는
썩은 살덩이 밀어내
봄바람에 날려 보내야지

내 청춘의 푸른 잔디, 어지러이 밟힌 자리에
먼지처럼 일어나는 손거스러미도
뿌리째 잘라 없애야지
매끄럽게 다듬어진 마디마디
말갛게 돋아나는 장미빛 투명함으로
새롭게 내일을 시작하리라

그림자 더 짧아지고
해자락 늘어지게 하품하는, 봄이 오면
벌떡 일어나 머리 감고 손톱을 깎아야지
해바른 창가에 기대앉아
봄볕에 겨워 미친 척 일어나지 못하게

쓸어버려야 해, 홀홀
묻어버려야 해, 영영

봄이 오면, 그래
죽은 것들을 모아 새롭게 장사지내야지
비석을 다시 일으키고 꽃도 한줌 뿌리리라
다시 잠들기 전에
꿈꾸기 전에

―〈대청소〉, 최영미

나쁜 습관은 마치 '깎아도 깎아도 또 자라나는' 손톱처럼 자신도 모르게 스멀스멀 자란다. 그래서 몸에 익은 습관을 고치기란 쉽지 않다. '먼지처럼 일어나는 손거스러미' 같은 습관을 '뿌리째 잘라 없애'지 못하면 인생을 살아가는 데 치명적인 약점으로 작용하기도 한다. 벌떡 일어나 머리를 감듯 잡생각을 없애고, 손톱을 깎듯 치명적인 나쁜 습관, 약점을 대청소해야 다시 신선한 것으로 채워 넣을 수 있다. '말갛게 돋아나는 장밋빛 투명함으로 새롭게 내일을 시작하'려면 말이다.

은나라 주왕은 민첩하고 뛰어난 자질을 타고났다. 힘도 남달라 맨손으로 맹수와 싸울 정도였다. 지식은 다른 사람의 충고를 물리치고도 남았고, 자신의 잘못을 감추는 말재주도 지니고 있었다. 그러나 주왕에게는 약점이 있었다. 신하들에게 재능을 과시하기 좋아했고, 천하에서 자신의 명성이 누구보다 높다고 생각하여 모두 자기 밑이라 여겼다. 여기까지라면 타고난 신분이 왕족이니 그러려니 하겠다. 이 외에도 주왕에게는 치명적인 습관과 버릇이 있었다.

치명적인 습관과 약점으로 몰락한 주왕

주왕은 현명하지 못한데다 정치가 음란했다. 술과 음악에 빠져 있었으며, 특히 여색을 밝혔다. 달기를 총애하여 달기 말이면 무엇이든다 들어주었다. 사연에게 음란한 곡을 작곡하게 하고, 북쪽의 저속한춤과 퇴폐적인 음악에 빠졌다. 무거운 세금을 거두어 돈과 곡식으로창고를 가득 채웠다. 여기에 개와 말 그리고 물건들을 궁실에 가득 채웠다. 정원을 더 넓혀 온갖 짐승과 새를 잡아다 풀어놓았다. 귀신도 우습게 알았다. 정원에 악공과 광대를 잔뜩 불러들이고, 술로 연못을 채우고 고기를 매달아 숲을 이루어 놓고는 벌거벗은 남녀가 그 사이를서로 쫓아다니게 하면서 밤새 술을 마시고 놀았다.

주왕은 갈수록 음란해져 그칠 줄 몰랐다. 주왕의 배다른 형 미자가 여러 차례 간언했으나 주왕은 듣지 않았다. 미자는 말로는 안 되겠다고 판단해 주왕을 죽이려다가 떠나기로 마음먹은 뒤 결단을 내리지못하고 태사와 소사에게 가서 말했다.

"은나라는 제대로 된 정치를 하지 못해 사방을 다스리지 못했습니다. 우리 선조들께서는 세상에 공업을 이루었으나 주왕은 술에 빠져부인 말만 듣다가 탕(湯)의 덕을 어지럽히고 무너뜨렸습니다. 은나라는 높거나 낮거나 할 것 없이 도적질하고 법을 어기며 난을 일으키기 좋아했습니다. 왕실 경사들은 서로를 본받으며 법도를 지키지 않으니 모두가 죄를 짓고도 누구 하나 벌을 받지 않습니다.”

그러고 나서 미자는 마침내 도망쳤다.

주왕이 상아 젓가락을 쓰기 시작하자 기자는 탄식했다.

“상아로 만든 젓가락을 사용했으니 틀림없이 옥으로 만든 잔을 사용할 것이고, 옥으로 만든 잔을 사용한다면 틀림없이 먼 곳의 진기하고 괴이한 물건들을 차지하려 할 것이다. 수레와 말 그리고 궁실의 사치가 점점 이렇게 되어 돌이키지 못할 것이다.”

주왕은 무슨 말을 해도 듣지 않았다. 기자는 두려워 미친 척하고 노비가 되었다. 주왕은 그를 가두었다. 왕자 비간 역시 기자가 간언해도 듣지 않고, 기자가 노예가 되는 것을 보고는 주왕에게 바른말로 충고했다.

“군주에게 허물이 있는데도 죽음을 무릅쓰고 따지지 않는다면 무고한 백성들만 피해를 보지 않겠는가.”

주왕이 노하여 “내가 듣기에 성인의 심장에는 구멍이 일곱 개나 있다던데 정말 그런가?” 하며 왕자 비간을 죽여 가슴을 열고 심장을 보았다.

주왕은 타고난 자질이 우수한데도 약점과 습관을 지니고 있었다. 한둘이 아니다. 술, 사치, 쾌락, 포악, 무엇보다 다른 사람의 말을 듣지 않는 독선이다. 충언하는 신하를 노예로 만들거나, 죽여 버리는 포악을 자행했다. 그래서 주왕의 말로는 어떻게 되었을까? 지도자가 이런

데 나라가 온전하다면 상식이 아니다.

태사와 소사는 제사 그릇과 악기를 들고 주(周)로 달아났다. 고대인들은 전쟁과 같은 국가 중대사를 결정할 때 왕이 직접 신에게 제사를 지냈다. 제사 의식에 사용하는 그릇과 악기에 온갖 정성을 들였다. 신을 위해 사용한 제기는 시간이 지나며 왕과 제후의 권력을 상징하는 수단으로 변화했다. 그러니 태사와 소사의 행위는 이미 은 주왕의 정통성이 사라졌음을 의미한다.

주 무왕이 제후를 거느리고 은 주왕을 토벌하러 나섰다. 주왕은 도망쳐 녹대에 올라가서는 보물과 옥으로 된 옷을 입고 불 속으로 뛰어들어 죽었다. 주 무왕이 드디어 주왕의 목을 베어 크고 흰 깃발에 매달았다. 달기도 죽였다. 갇힌 기자를 풀어주고, 비간의 무덤에 봉분을 덮어주었다.

결과가 참혹하다. 불 속에 뛰어들어 자살하는데 보물과 옥으로 된 옷이 무슨 의미가 있단 말인가. 목은 잘려 깃발에 매달렸다. 안타깝다. 은 주왕은 미리 자신의 나쁜 습관과 약점을 대청소하며 뿌리째 잘라 없애지 못한 결과, 자신이 대청소를 당하고 말았다. 스스로 청소하지 않으면 자신이 청소 대상이 되어 사라진다는 교훈은 여전히 유효하다.

늘어진 넥타이가
되지 않으려면

넥타이는 유럽에서 군인들이 목을 보호하기 위해 두른 수건에서 유래했다고 한다. 덕분에 남성을 상징하는 액세서리가 되었다. 넥타이는 얼굴 바로 아래, 가장 눈에 잘 띄는 곳에 있어 색이나 무늬, 크기, 두께에 따라 사람의 인상과 분위기를 좌우한다. 이런 이유로 사회생활을 하는 사람들에게 넥타이는 중요하다. 넥타이는 공적이든 사적이든 사무적인 이미지가 있어 남성 직장인을 나타내기도 한다. 하얀색 셔츠에 넥타이를 맨 직장인을 넥타이 부대라고 부르는 이유다.

20대에 직장을 들어간 남성은 새로 산 넥타이처럼 반듯하다. 그러나 아무리 비싸고 좋은 넥타이라도 한 계절 매고 나면 손때 묻고 구겨지고 늘어져서 점차 멀리하게 된다. 어디 넥타이뿐인가. 세월이 흐르면 얼굴도 늘어지고 몸도 늘어진다. 중년을 지나 퇴직을 앞둔 나이가 되면 완전히 늘어진 넥타이 신세다. 박성우 시인은 〈넥타이〉에서 그런 쓸쓸한 모습을 표현했다.

늘어지는 혀를 잘라 넥타이를 만들었다
사내는 초침처럼 초조하게 넥타이를 맸다 말은 삐뚤어지게 해도 넥

타이는 똑바로 매라, 사내는 와이셔츠 깃에 둘러맨 넥타이를 조였
다 넥타이가 된 사내는 분침처럼 분주하게 출근을 했다

회의시간에 업무보고를 할 때도 경쟁업체를 물리치고 계약을 성사
시킬 때도 넥타이는 빛났다 넥타이는 제법 근사하게 빛나는 넥타이
가 되어갔다 심지어 노래방에서 넥타이를 풀었을 때도 넥타이는 단
연 빛났다

넥타이는 점점 늘어졌다 넥타이는 어제보다 더 늘어져 막차를 타고
귀가했다 그냥 말없이 살아 넌 늘어진 혀가 없어, 넥타이는 근엄한
표정으로 차창에 비치는 낯빛을 쓸어내렸다 다행히 넥타이를 잡고
매달리던 아이들은 넥타이처럼 반듯하게 자라주었다

귀가한 넥타이는 이제 한낱 넥타이에 불과하므로 가족들은 늘어진
넥타이 따위에 아무런 관심이 없었다

—〈넥타이〉, 박성우

남성은 퇴직하든 은퇴하든 돈벌이가 안 되면 가족에게 늘어진 넥
타이처럼 관심 밖 존재인가 하는 생각에 가슴이 시리다. 한때 빛나던
당신이 이제 수많은 시간을 그저 늘어진 넥타이처럼 꼬질꼬질하게 보
내고 있는 건 아닌지. 한참을 양보하여 그래도 나이 들어서는 어쩔 수
없다고 치자. 아직 젊은데 벌써 늘어진 넥타이 같은 존재라면 문제 아
니겠는가. 이렇게 천덕꾸러기가 된 아버지를 이성복 시인은 〈꽃 피는
아버지〉에서 '벌레'로 취급하였다.

아버지가 회사를 그만두기 며칠 전부터 벌레가 나와 책장을 갉아

먹고 있었다 처음엔 두 군데, 다음엔 다섯 군데 쬐그만 홈을 파고 고
운 톱밥 같은 것을 쏟아냈다 저도 먹어야 살지, 청소할 때마다 마른
걸레로 훔쳐냈다 아버지는 회사를 그만두고 집에만 계셨다 텔레비
전 앞에서 프로가 끝날 때까지 담배만 피우셨다. (중략)
구멍마다 접착제로 틀어 막았다 (중략) 아버지는 낮잠을 주무시다
지겨우면 하릴없이, 자전거를 타고 수색(水色)에 다녀오시고 어머니
가 한숨을 쉬었다 (중략)
또 한 주일이 지나고 나는 보았다 전에 구멍 뚫린 나무 뒤편으로 새
구멍이 여러 개 뚫리고 노오란 나무 가루가 무더기, 무더기 쌓여 있
었다 닦아내도, 닦아내도 노오랗게 묻어났다 숟가락을 지우며 어머
니가 말했다 창틀에 문턱에 식탁에까지 구멍…… 약이 없다는데,
아버지는 밥을, 소처럼, 오래오래 씹고 계셨다

　　　　　　　　　　　　　　　　　　　－〈꽃피는 아버지〉일부, 이성복

　　은퇴한 아버지가 벌레라니. '접착제로 구멍을 틀어 막'아도 끊임없
이 구멍을 내며 노란 가루를 쌓아 놓는 위협적이고 귀찮은 존재라니,
차라리 '늘어진 넥타이'가 더 긍정적이다. 이성복 시인 개인사와 연관
있는지 아니면 상상력으로 지어낸 것인지는 모르지만, 화자는 단순히
회사를 그만두었다는 이유만으로 아버지를 벌레로 취급하지 않았다.
　　화자의 아버지는 정년퇴직이 아니니 젊은 나이에 회사를 그만둔
모양이다. 그만둔 후 새로운 직장을 찾는 노력은커녕 '집에만 계시'고,
'테레비 앞에서 프로가 끝날 때까지 담배만 피우'시고, '낮잠을 주무시
다 지겨우면 하릴없이, 자전거를 타'는 게으른 모습이 화자를 자극했

을 것이다. 가장으로서 제 역할을 다하지 않는 아버지를 벌레 같은 존재로 표현한 것이다. 도덕이 땅에 떨어졌다느니, 아무리 그래도 자식이 아비를 어떻게 벌레 취급을 하느냐 같은 꼰대 같은 생각은 잠깐 내려놓자. 벌레 같은 존재나 늘어진 넥타이가 되지 않는 방법에 집중해 보자.

공자 제자 중에 자로(子路)가 있다. 자로는 성격이 거칠고 용맹하여 힘쓰는 것을 좋아하며 의지가 강했다. 수탉 꼬리로 만든 모자를 쓰고, 수퇘지 가죽으로 장식한 검을 차고 다녔다. 힘만 믿고 공자를 업신여기기도 했다. 공자가 예의로 대하며 천천히 자로를 이끌자 자로는 후에 유자의 옷을 입고 스승에게 드릴 예물을 들고 문인을 통해 제자가 되기를 청했다. 자로를 처음 만났을 때 공자가 물었다.

"자네는 무엇을 좋아하는가?"

"저는 긴 칼을 좋아합니다."

자로가 대답하자 공자가 말했다.

"내가 묻는 것은 그게 아니네. 자네는 자네가 아는 것만 가지고 말하는데, 거기에 배움을 더하면 감히 누가 자네를 따라올 수 있겠느냐?"

"배운다고 무슨 유익이 있겠습니까?"

자로가 물었다.

"임금이라 해도 간언해 주는 신하가 없으면 올바르지 못하게 되고, 선비도 함께 배우고 서로 가르쳐주는 친구가 없으면 배운 것을 잃게 된다. 길들지 않은 말을 다루려면 손에서 채찍을 놓을 수가 없고,

활을 쏘려면 활 조종간에 따르지 않으면 안 된다. 나무가 먹줄을 따라야 반듯해지듯이 사람도 조언을 받아들여야 비로소 반듯해지는 법이다. 학문에는 묻는 것이 중요한데 누가 감히 따르지 않겠느냐? 만약 어진 사람을 해치고 선비를 미워한다면 틀림없이 형벌을 면치 못할 것이다. 군자는 배우지 않으면 안 된다."

공자가 길게 대답했다. 그러자 자로가 또 물었다.

"남산에 소나무는 잡아주지 않아도 반듯하게 자라고, 그것을 잘라서 화살을 쏘면 물소의 가죽도 뚫을 수 있습니다. 이것으로 미루어 본다면 꼭 학문이 필요하겠는지요?"

공자가 대답했다.

"화살에 깃을 꽂고 앞쪽에 촉을 갈아서 박는다면 그것이 얼마나 깊이 박히겠느냐?"

결국 자로가 수긍하며 대답했다.

"공경하여 가르침을 받겠습니다."

공부, '늘어진 넥타이'를 피하는 방법

'화살에 깃을 꽂고 앞쪽에 촉을 갈아서 박는' 일은 늘어진 넥타이를 다시 반듯하게 만드는 과정이다. 공자는 자기 계발의 중요성을 강조했다. 공자에게 가르침을 받은 자로는 어떻게 되었을까? 힘만 믿고 공자를 업신여기던 사람이 학문하는 유학자로 변신한다. 자로는 정치가로 활동했다. 공자는 자로를 자신의 제자들 가운데 나라를 다스리는 데 가장 뛰어난 재능을 갖추었다고 평가했다.

또한 공자는 자로가 제자가 되고 난 후부터 노나라에서 자신을 비난하는 소리를 들어보지 못했다고 말했다. 왜 그랬을까? 공자가 자로와 같은 시정잡배 출신도 가르치고 배우는 데 힘쓰면 훌륭한 선비가 될 수 있다는 사실을 보여주었기 때문이다. 공자는 한때 자신을 업신여기고 폭행까지 하려 한 사람을 제자로 받아들여 훌륭한 정치가로 만들었다. '세상에서 가르치지 못할 사람은 없다'는 사실을 몸소 증명했다. 한때 험악한 생활을 한 자로는 열심히 배우고 실천하면 시정잡배도 훌륭한 학자나 정치가가 될 수 있다는 가능성을 보여주어, '세상에서 배우지 못할 사람은 없다'는 사실을 입증했다.

다산 정약용도 아들과 제자들에게 공부를 강조했다. 다산은 스스로도 복사뼈가 세 번이나 구멍이 나고, 벼루가 여러 개 밑창이 드러날 정도로 노력한 사람이었다. 또한 과거를 볼 수 없는 중인 신분으로 제자가 된 황상(黃裳)과 관련해서도 그와 사제 간 애틋한 이야기가 많이 전해진다. 다산은 1801년 음력 11월 강진으로 유배 와 동문 밖 주모의 호의로 한겨울을 잘 지냈다. 그는 유배 온 이듬해인 1802년 초가을부터 읍내 아전의 자식 몇 명을 가르치기 시작한다. 당시 제자가 황상이다. 황상이 다산에게 물었다.

"저는 세 가지 흠이 있습니다. 첫째는 아둔하고요, 둘째는 꽉 막혀 있고요, 셋째는 답답함입니다. 저 같은 애들도 공부를 잘할 수 있겠습니까?"

다산이 말했다.

"배우는 사람에게는 세 가지 흠이 있다. 첫째는 외우는 일에만 힘쓰기 마련이어서 자기 것으로 만들지 못하고, 둘째는 문제의 핵심은 잘 알아서 글을 잘 지을지는 모르나 진중함이 없고, 셋째는 깨닫고 푸는 일에만 빠를 뿐 오래가지 못한다는 점이다. 그러나 너는 그것이 없구나. 무디어도 뚫고자 하면 그 구멍은 넓고 커진다. 막혔다가 커진다. 막혔다가 통하게 되면 그 흐름이 빠르게 되고, 어긋나도 문지르다 보면 그 빛이 윤기가 난다.”

그러면서 부지런해라, 부지런해라, 부지런해라 하며 삼근계(三根戒)를 가르쳤다. 이후 황상은 다산의 가르침 속에서 학문적 진전을 이루며 기대에 부응했다. 황상은 15살 때 매일 시 한 편씩 쓰라는 스승의 가르침을 일흔이 넘어서도 지켰다.

추사 김정희와의 얽힌 일화는 황상의 수준을 잘 보여준다. 추사 김정희는 8년여 동안 제주도에서 유배 생활을 했다. 제주도에서 황상이 쓴 시를 보고 크게 감탄하여 유배가 풀리자마자 가장 먼저 강진에 있는 황상을 만나러 갔다. 신분제가 엄격한 조선시대에 사대부가 중인의 시를 보고 감탄하여 직접 만나러 간 건 매우 이례적인 일이다. 김정희가 다산의 아들 정학연에게 보낸 편지에 이런 내용이 있다.

“제주에 있을 때 한 사람이 시 한 수를 보여주었는데, 묻지 않고도 다산의 제자라는 것을 알았다. 이름을 물었더니 역시 황상이었다.”

나이 들었다고, 은퇴하였다고, 직장을 그만두었다고 정신과 몸을 늘어진 상태로 두면 안 된다. 그렇다고 '분침처럼 분주'할 필요는 없지만, '텔레비전 앞에서 프로가 끝날 때까지 담배만 피우'거나 '낮잠'만 자는 게으른 모습은 스스로 천덕꾸러기 같은 존재가 되는 길이다. 그러면 어떻게 해야 할까? 공자의 제자 자로나 소진은 공부하여 넥타이를 반듯하게 세웠다. 가족에게 벌레 취급을 당하지 않고, 몸과 정신이 넥타이처럼 늘어지지 않는 방법은 닦고 조이고 기름 치는 방법밖에 없다. 이때 책은 좋은 도구가 된다.

바위는
앉은 채로 도착해 있었다

지난 15년 동안 스무 권 이상 책을 냈다. 자기 계발 관련 책이 15권 정도고, 나머지는 시집이다. 쉬운 일은 아니다. 새벽에 일어나 책을 읽고, 강의 없는 날에는 아침 7시까지 연구실로 출근하여 12시까지 5시간 동안 집중하여 책을 읽거나 집필을 했다. 오후에도 비슷한 시간을 보냈지만 집중이 덜했다. 낮잠도 자고, 산책도 하고, 개인 볼일도 보았다. 오후 7시에 퇴근하여 10시 전에 잠자리에 들었다. 이렇게 오랜 기간 규칙적인 시간 관리가 있었기에 20권 이상 책을 써낼 수 있었다.

시간만큼 공평한 것이 세상에 있을까. 시간은 빈부나 귀천을 따지지 않는다. 반칠환의 〈새해 첫 기적〉을 보면 시간이 얼마나 공평한지 알 수 있다. 시인의 눈에는 동물이나 심지어 바위에게까지도 시간이 공평하다. 열심히 달리는 사람이나 가만히 앉아 있는 사람이나 똑같다.

황새는 날아서

말은 뛰어서

거북이는 걸어서

달팽이는 기어서

굼벵이는 굴렀는데

한날한시 새해 첫날에 도착했다

바위는 앉은 채로 도착해 있었다.

－〈새해 첫 기적〉, 반칠환

시간이 공평하다고 해서 하찮은 것은 아니다. 이유는 간단하다. 인생은 유한한데 너무 빠르게 흐르기 때문이다. 흰말이 문틈을 스쳐 지나가는 것처럼 순간일 뿐이라는 장자의 말처럼 빠르다. 이렇게 짧은 인생을 어떻게 살아야 할까? 날아서 가든, 뛰어서 가든, 걸어서 가든, 기어서 가든, 아무것도 안 하든 시간은 흐른다. 죽을 때까지 무엇을 하며 시간을 보내느냐는 그래서 중요한 질문이다.

진시황이 객사하자 조고와 이사가 짜고 호해를 황제로 만들었다. 21살 호해는 진시황의 18번째 아들이라 왕위 계승과는 거리가 멀었으나 조고와 이사를 등에 업고 황제가 된다. 이 과정에서 자신을 위협하는 진시황의 맏아들 부소를 죽이고 몽염 장군까지 처리하자 호혜는 어느 정도 느긋해졌다. 그는 한가할 때마다 조고를 불러 함께 의논했다. 하루는 조고에게 이렇게 물었다.

"대저 사람이 태어나 세상에 살아 있는 시간은 비유하자면, 말 여섯 마리가 끄는 수레가 뚫어진 틈을 지나가는 것과 같소. 나는 이미 천하에 군림하였으니 귀와 눈으로 좋은 것들을 느끼고, 마음이 즐거운

바를 다하며, 종묘(宗廟)를 안정케 하고 만백성을 기쁘게 하여 천하를 오래도록 소유한 채 천수를 마치고 싶은데, 어떤 방법이 있겠소?"

한마디로 짧은 인생 즐기고 싶다는 말이었다. 이 말에 조고가 부추기며 하는 말이 무시무시하다. 즐거움을 누리려면 반란을 일으킬 만한 씨앗을 제거해 버려야 가능하다는 것이다. 조고가 이렇게 대답했다.

"이것은 현명한 군주만이 누릴 수 있으며 어리석은 군주는 하지 못합니다. 제가 감히 도끼로 처형당하더라도 피하지 않고 말씀드리오니, 폐하께서는 조금이라도 유념해주십시오. 대저 사구(沙丘)에서 꾸미는 음모를 여러 공자와 대신이 모두 의심하고 있는데, 여러 공자는 모두 폐하의 형이며, 대신들도 선제께서 등용하신 인물입니다. 이제 폐하께서 막 즉위하시자 그 무리는 못마땅하게 여겨 모두 복종하지 않으니, 변란을 일으킬까 두렵습니다. 몽염은 이미 죽었으나 몽의는 군대를 이끌며 변방에 머물고 있습니다. 저는 벌벌 떨면서 두려움을 떨쳐버리지 못합니다. 그러니 폐하께서 어찌 원하시는 즐거움을 누리시겠습니까?"

호해가 다시 물었다.

"이 일을 어찌하면 좋겠소?"

조고가 답했다.

"법을 엄하게 하고 형벌을 가혹하게 해, 죄를 위반한 자를 연좌해 처단하고 일가족을 구속하십시오. 대신들을 없애고 골육의 형제들을 멀리하십시오. 가난한 자를 부유하게 하고 천한 자를 귀하게 여기시고, 선제의 옛 신하들을 모두 제거하시고, 폐하께서 신임할 자를 새로 두어 가까이하십시오. 이렇게 하시면 잠재된 덕이 폐하께 모이고, 해로운 것이 제거되며, 간사한 계략이 방지되고, 여러 신하 가운데 폐하의 은덕을 입지 않은 자가 없게 되어, 폐하께서는 베개를 높이 하고 마음껏 즐기실 수 있습니다. 이보다 더 나은 계책은 없습니다."

호해는 조고의 말을 옳다 여기고 다시 법률을 제정했다. 이에 여러 신하와 공자 중에 죄를 지으면 조고에게 맡겨서 죄를 조사하고, 처형하게 했다. 이렇게 하여 몽의 같은 대신들이 죽고, 공자 12명이 함양의 저잣거리에서 죽었으며, 공주 10명도 사지가 찢겨 죽었다. 재산은 모두 관청에서 몰수하였고, 연루된 자는 다 헤아리지 못할 지경이었다.

짧은 인생 즐겁고 행복하게 사는 것은 좋다. 그런데 호해는 자신의 인생을 즐기기 위해 황제로서 마땅히 해야 할 일을 신하에게 맡기고, 즐거운 인생을 방해할지 모른다며 대신들과 형제들에게 죄를 뒤집어씌워 처형하는 만행을 저질렀다. 비정상이다. 시간은 이렇게 쓰라고 있는 게 아니다.

《설원》에 영원이라는 사람 이야기가 나온다. 시간을 절약하며 아주 잘 사용한 사람이다. 영원은 중모 땅의 가난한 시골 출신이다. 농사일이 힘들고 고되 친구에게 물었다.

"어떻게 하면 이런 고통을 면할 수 있겠나?"

친구가 일러 주었다.

"공부하는 것 외에 다른 방법이 없다. 20년을 기약하고 공부하면 무언가 이루겠지!"

그러자 영원이 자신감을 보였다.

"좋다. 나는 15년을 기약하고 남이 쉴 때 나는 쉬지 않으며, 남이 잠잘 때 나는 일어나 해보리라!"

과연 13년을 공부하여 주(周) 위공(威公)이 스승으로 삼을 정도가 되었다. 무릇 뛰는 자가 빠르다 하나 2리를 못 가 그쳐야 하고, 걷는 자가 느리다고 하나 1백 리는 가서야 쉰다. 영원 같은 사람도 오랫동안 쉬지 않고 노력하여 마침내 제후의 스승이 되었으니 이 어찌 맞는 말이 아니겠는가.

짧은 인생을 효과적으로 보내는 법

호해와 영원의 사례에서 우리는 반대되는 시간관을 볼 수 있다. 호해는 '현재'를 중요하게 생각한 사람이었다. 현재를 즐기기 위해 만행을 저질렀다. 나라를 어떻게 이끌고 백성을 어떻게 잘 살게 하지 같은 미래에 대한 생각이 없는 사람이었다. 지금 즐기고 행복하면 그만이었다. 반면에 영원은 '미래'에 초점을 두었다. 미래를 준비하며 시간을 보낸 사람이었다. 현재에 초점을 두면 지금 당장 즐겁고 행복해야 한다. 이것이 극단으로 흐르면 미래를 전혀 생각하지 않는 쾌락주의자가 된다. 미래에 초점을 두면 현재의 즐거움보다는 미래에 주어질 보상에 더 관심이 있다. 자연히 현재 욕구를 뒤로 미룬다. 이렇게 시간관이 다르면 세상을 바라보는 태도와 생활방식이 다를 수밖에 없다.

시간을 잘 보내려면 어떻게 해야 할까? 영원처럼 목표를 세우고 시간표를 짜보자. 목표가 있으면 목표를 달성하는 방향으로 시간을 사용하게 된다. 되면 좋고 안 돼도 그만인 태도 말고 목표 달성에 몰두해

보자.

공자는 시간을 어떻게 보냈을까? 공자는 만년에 인생을 되돌아보며 10년 단위로 끊어 설명하였다. 15살에 배움에 뜻을 세우고(志于學), 30살에 자립(而立)하였다. 40살에는 미혹되지 않고(不惑), 50살에 천명(知天命)을 알았다. 60살에 귀가 순해졌으며(耳順), 칠십에는 마음대로 해도 경우를 넘어서지 않았다(從心所欲, 不踰矩).

공자는 15살에 평생 이룩할 목표, 배움에 뜻을 세운다. 지우학(志于學)이다. 지(志)라는 글자를 풀이하는 방법을 보자. 사(士)자를 어떻게 보느냐에 따라 두 가지 의미가 있다. 志는 '뜻', '마음', '감정'의 뜻을 가진 글자다. 志는 士(선비 사)와 心(마음 심)이 결합한 모습이다. 그러나 금문에 나온 志를 보면 본래는 之(갈 지)자와 心자가 결합한 것이었다. 이것은 '가고자(之)하는 마음(心)'이라는 뜻이다. 그러니 志는 자기 뜻을 실천한다는 의지를 표현한 글자다. 그러나 해서에서는 之자가 士자로 잘못 옮겨지면서 본래의 의미를 유추하기 어렵게 되었다. 다른 해석을 보자.

士는 '선비', '관리', '사내'라는 뜻을 가진 글자이다. 士는 허리춤에 차고 다니던 고대 무기의 일종을 그린 것이다. 士는 BC 2000년경인 오제(伍帝)시대에는 감옥을 지키는 형관을 뜻했고, 금문에서는 형관들이 지니고 다닌 큰 도끼를 말했다. 그러니 士자는 본래 휴대가 간편한 고대 무기를 그린 글자다. 지금은 학문을 닦는 사람을 '선비'라고 하지만, 고대에는 무관(武官)을 뜻했다. 士에 아직도 '관리', '군사', '사내'와 같은 뜻이 있는 이유다. 그래서 士가 부수로 쓰일 때는 '선비'나 '관리', '남자'라는 뜻을 전달하게 된다.

공자가 15살에 지우학(志于學)했다는 의미는 학문을 하기로 목표를 세웠다는 의미다. 그 후 15년 동안 매진한 결과 그는 서른 살에 스스로 자립 가능한 경지에 이른다. 공자가 30살을 이립(而立)이라고 한 이유다. 학문에서 자립할 정도로 우뚝 섰지만 10년을 더욱 매진할 결과 40살에 이르러 불혹이 된다. 어떤 유혹에도 흔들리지 않는 경지, 자신만의 확고한 신념을 지닌 공자는 또 10년 후에 하늘의 명을 알게 된다. 공자는 이처럼 시간을 함부로 낭비하지 않았다. 치열하게 목표를 향해 달렸다.

모든 사람이 공평하게 같은 분량의 시간을 받으며 살지만, 어떤 사람은 호해처럼 살고, 어떤 사람은 영원이나 공자처럼 목표를 세우고 달성하기 위해 열심히 산다. 그 결과 어떤 사람은 다른 사람에게 도움을 주고, 어떤 사람은 도움을 받는다. 심지어 끼니와 잠자리를 스스로 해결하지 못하고 다른 사람에게 도움을 받는다. 이유는 무엇일까? 시간을 어떻게 보내느냐에 있다. 하루하루를 보낸 결과다. 중요하지도 않고 급하지도 않은 일을 하며 빈둥빈둥 시간을 보내는 사람은 의식주를 남에게 의존할 수밖에 없다. 재미있는 사실이 있다. 목표를 세우고 열심히 살며 사회에 이바지하는 사람들은 수명도 길다고 한다. 그 근거는 이미 앞에서 설명했다.

그 옛날 난
타오르는 책을 읽었네

우리나라 독서 시장은 흐름이 이상하다. 독서법에 관한 책은 잘 팔리는데, 정작 책은 안 팔린다. 독서법을 알고 책을 읽으면 좋은 일이겠으나, 정작 책은 안 팔린다니 이해를 못하겠다. 인문학을 소개하며 필요성을 강조한 책은 잘 팔리는데, 정작 인문학 책은 팔리지 않는다. '지적 대화를 위한 넓고 얇은 지식'은 필요하지만, 깊은 독서는 안 한다는 뜻이다. 남진우 시인의 시 〈타오르는 책〉을 읽어보자.

그 옛날 난 타오르는 책을 읽었네
펼치는 순간 불이 붙어 읽어나가는 동안
재가 되어버리는 책을
행간을 따라 번져가는 불이 먹어치우는 글자들
내 눈길이 닿을 때마다 말들은 불길 속에서 곤두서고
갈기를 휘날리며 사라지곤 했네 검게 그을려
지워지는 문장 뒤로 다시 문장이 이어지고
다 읽고 나면 두 손엔
한 움큼의 재만 남을 뿐

놀라움으로 가득 찬 불놀이가 끝나고 나면

나는 불로 이글거리는 머리를 이고

세상 속으로 뛰어들곤 했네

그 옛날 내가 읽은 모든 것은 불이었고

그 불 속에서 난 꿈꾸었네 불과 함께 타오르다 불과 함께

몰락하는 장엄한 일생을

이제 그 불은 어디에도 없지

단단한 표정의 책들이 반질반질한 표지를 자랑하며

내게 차가운 말만 건넨다네

아무리 눈에 불을 켜고 읽어도 내 곁엔

태울 수 없어 타오르지 않는 책만 차곡차곡 쌓여가네

식어버린 죽은 말들로 가득 찬 감옥에 갇혀

나 잃어버린 불을 꿈꾸네

-〈타오르는 책〉, 남진우

이지성 작가는 《리딩으로 리드하라》에서 뻔한 꿈밖에 꿀 줄 모르고 평범한 생각밖에 할 줄 모르던 두뇌가 인문 고전을 읽고 사색하는 과정에서 인문 고전 저자들처럼 혁명적으로 꿈꾸고 천재적으로 사고하는 두뇌로 바뀌기 시작한다고 했다.

혁명적으로 꿈꾸고 천재적으로 사고하는 두뇌는 곧 '불로 이글거리는' 두뇌다. 책을 읽으며 뇌가 변화면 생각이 바뀐다. 뻔한 꿈밖에 꿀 줄 모르고 평범한 생각밖에 할 줄 모르던 두뇌가 높은 단계로 상승한다. 삶의 자세가 종속적인 태도에서 주도적인 태도로 바뀌고, 시대

가 안고 있는 문제를 해결하려는 자세로 바뀐다. 진짜 그런지 몇 가지 사례를 살펴보자.

먼저 6개 푸드 브랜드를 가지고 유럽과 남미에서 1,200개 매장을 운영하는 켈리 델리 창업자 켈리 최 이야기다. 스스로 언론 인터뷰에서 밝힌 켈리 최의 어린 시절은 완전 흙수저였다. 8남매 중 둘이 영양실조로 숨지고, 돈이 없어 고등학교에 못 가게 되자 서울로 곧장 왔고 봉제 공장에 취직해 야간 고등학교에 다녔다. 야간 고등학교를 겨우 졸업한 뒤 무작정 일본으로, 이어 프랑스로 떠났다. 고학으로 패션을 공부하고 파리에서 전시 사업을 시작했지만 결국 빚만 남았다. 세계 경제가 휘청이던 2000년대 초반이었다. 빚 10억 원이 남은 후에 파리에서 센강을 내려다보며 자살까지 생각했다고 한다.

켈리 최는 이런 절망적인 상황에서 어떻게 일어섰을까? 독서를 하며 절망에서 일어섰다고 한다. 마흔이 넘은 나이에 무일푼으로 인생 제2막을 새롭게 시작하기로 마음먹고 2년간 할 수 있는 모든 준비와 공부를 하며 책을 읽었다. 이 과정은 켈리 최가 쓴《파리에서 도시락을 파는 여자》에 잘 나와 있다.

처절한 실패 후 절대 다시는 망하지 않기 위해 내가 할 수 있는 것을 다 해보고자 했고, 그중 하나가 독서였다. (난독증이 약간 있어) 책 읽는 게 힘들다 하더라도 아예 글을 읽지 못하는 건 아니니, 노력으로 충분히 해낼 수 있을 거라 믿었다. 게다가 책에는 이미 나보다 먼저 수 없는 문제들을 해결해 나가며 성공한 사람들의 지혜가 녹아 있다. 현장에서는 실시간으로 살아 있는 정보를 얻을 수 있다면,

책에서는 오랜 시간 축적되어온 경험과 지혜, 통찰력 등을 배울 수 있다는 큰 장점이 있으며, 때로 큰 감동하기도 하고, 위로를 얻기도 한다. 실제로 2년간 처절한 실패를 맛보고 다시 일어설 때 장사 책, 경영책 등을 통해 나처럼 큰 실패를 겪고 다시 일어나 성공한 사례 등을 접하며 큰 힘을 얻었다. 그리고 그런 일들이 꼭 세상에서 나한테만 일어나는 크나큰 비극만은 아니라는 데서 위로를 받을 수 있었다.

독서로 생각과 행동을 바꾸면 인생이 바뀐다

켈리 최가 보여준 독서 경험은 예나 지금이나 성공한 사람에게 나타나는 한결같은 모습이다. 평범한 사람이 몸을 일으키기 위해 가장 기본적으로 한 일은 독서였다. 유향이 쓴《설원》에는 이런 이야기가 나온다.

광형은 중국 전한(前漢) 시대 학자이자 정치가다. 광형은 공부할 때 집이 가난하여 촛불을 켜지 못해 벽을 뚫고 이웃집 불빛으로 독서했다. 책이 없어 책이 많은 사람과 친하게 지내며 빌려 읽었다. 결국 태자를 가르치는 태자소부와 승상의 자리까지 오르는 큰선비가 되었다.

전한(前漢) 때 매신(買臣)은 집이 너무 가난하여 나무를 하여 생계를 유지하면서도 책을 읽자, 그 부인이 말리다 못해 집을 나가 버렸다. 뒤에 매신은 무제(武帝)에게《춘추(春秋)》와《초사(楚辭)》등을 강론하여 회계태수(會稽太守)가 되었다. 매신이 부임하는 길에 오나라에서 옛 부인과 그 남편을 발견하고 관청에서 숙식하게 하였으나, 옛 부인은 자살하였다.

아시아 최대 갑부인 홍콩의 창장(長江)그룹 리자청(李嘉誠) 회장은 중학교 중퇴 학력이지만, 책을 손에서 놓지 않았다. 길거리를 걸을 때도 영어 공부에 매달리는 등 어릴 적부터 공부와 독서에 열중했다. 독서는 정보를 흡수하는 수단이기도 하지만, 집중력을 훈련하는 데도 도움이 된다. 리자청은 매일 '잠자기 전 30분' 이상 책을 읽는 습관을 무려 60년 넘게 지켰다. 그 결과, 홍콩 사람이 1달러를 쓰면 그중 5센트는 리자청 주머니로 들어간다는 말이 있을 정도로 큰 부자가 되었다.

준오헤어는 전 직원에게 20년 넘게 책을 읽게 한 것으로 유명하다. 준오헤어 강윤선 대표는 독서를 통해 생각이 깊어지면 창의력이 생기고 손놀림까지 유연해져 업무 능력도 향상된다고 생각한다. 준오헤어에서 일하는 디자이너 1,000여 명 가운데 200여 명이 1억 원 넘는 연봉을 받는다는 사실은 독서와 무관하지 않을 것이다.

40년 가까이 대학과 대학원에서 국어 문학 교육과 독서 이론을 가르쳐온 한상무 교수는《책을 읽으면 왜 뇌가 좋아질까? 또 성격도 좋아질까?》에서 왜 독서를 해야 하는지 다음과 같이 주장한다.

독서는 독자의 정신을 자극함으로써 뇌의 신경 체계에 새로운 뉴런들과 무수한 신경 연결을 창출함으로써 뇌의 구조와 기능을 변화, 발달시킨다. 이런 뇌의 변화와 발달을 통해 높고 깊은 수준의 사고를 가능하게 함으로써 독서는 세계에 대한 우리의 지각을 변화시키고, 현실을 체험하고 구성하는 방식을 변화시킨다.

앞에서 말한 이지성 작가의 주장과 같다. 책을 읽으라고 하면 다들 시간이 없다고 말한다. 그러면서 텔레비전 드라마 이야기를 자주 한다. 시간이 없다고 하면서 커피숍에서 2~3시간씩 앉아 수다를 떤다. 시간이 없다고 하면서 쇼핑을 하는 데 몇 시간씩 소비한다. 할 일이 없어 심심할 때 책을 읽으려고 하면 한 줄도 읽지 못한다. 아무런 목적도 없이 심심하니까 시간 보내려고 책을 읽는다면 심심풀이밖에 되지 않는다. 성공하는 사람들의 책 읽기는 목적을 정하고, 목적에 맞는 책을 집중적으로 읽는 데 있었다. 그 결과, 자기 분야의 전문가가 되었다. 피터 드러커도 그렇게 했다.

나는 남은 오후 시간과 밤을 이용해 공부하기 시작했다. 국제 관계와 국제법, 사회제도와 법률제도의 역사, 일반 역사, 재무 등을 공부했다. 공부하면서 차츰 나만의 공부법도 개발하게 되었는데, 나는 지금까지도 같은 방법을 활용한다. 나는 3년 또는 4년마다 다른 주제를 선택한다. 주제는 통계학, 중세 역사, 일본 미술, 경제학 등 매우 다양하다. 3년 정도 공부한다고 해서 그 분야를 완전히 터득하지는 못하지만, 그 분야가 어떤 것인지를 이해하는 정도는 가능하다. 그런 식으로 나는 60여 년 이상 동안 3년 또는 4년마다 주제를 바꾸어 공부를 계속했다. 이 방법은 나에게 많은 지식을 쌓게 해주었을 뿐만 아니라, 내가 새로운 주제와 새로운 시각 그리고 새로운 방법에 개방적인 자세를 취할 수 있도록 해주었다. 그도 그럴 것이, 내가 공부한 모든 주제 각각은 서로 다른 가정을 하고, 또한 서로 다른 방법론을 사용하였다.

자, 이제 독서의 중요성을 깨달았을 것이다. 그럼 책을 어떻게 읽어야 할까? 이 책을 읽는 독자라면 어느 정도 독서 습관이 붙은 사람일 것이다. 한 가지 더 추측해본다면 이렇게 고전을 많이 인용한 책보다는 이 책에서 언급한 고전을 읽고 싶은 마음이 들 것이다. 모든 독서는 고전으로 귀결하기 때문이다. 내가 그래서 잘 안다. 그렇더라도 혹시 처음 독서를 시작한 독자가 있을지 모르니 먼저 책 읽는 습관을 들이는 방법부터 알아보자.

독서를 몸에 배게 하려면 먼저 재미있는 책부터 읽기를 권한다. 취미로 시작하라는 말이다. 내가 좋아하는 분야, 관심 있는 분야 책은 읽기에 덜 지루하다. 그래도 힘들다면 하루 10분이고 20분이고 시간을 정해 놓고 억지로라도 읽어보자. 그러면 자신도 모르는 사이에 독서에 푹 빠지는 경험을 하게 된다.

만약 인문 고전 읽기를 원하는 독자라면 독한 마음이 필요하다. 인문 고전은 어렵다. 한 줄을 읽어도 그 한 줄이 무슨 말인지 이해가 쉽지 않다. 어려우니 지루하다. 인문 고전에 접근하려면 책을 읽기 전에 작가와 작품을 다룬 짤막한 설명글을 읽어 배경 지식이 있으면 좋다.

독서 효과를 높이는 방법

독서 효과를 높이는 첫 번째 방법은 '주제별 독서'다. 주제별 독서는 같은 주제를 다룬 책 여러 권을 같이 읽는 방법이다. 작가들이 같은 주제로 책을 쓰더라도 가치관이나 생각에 따라 다른 주장을 하기 때문이다. 그래서 여러 권을 읽어봐야 한 분야의 흐름을 제대로 알 수 있다. 주제별 독서는 다양한 시각을 지닐 수 있도록 해준다.

독서 효과를 높이는 두 번째 방법은 읽은 내용을 '출력'하는 방법이다. 써먹어 봐야 기억이 오래간다. 책 내용을 정확하게 이해하고 싶으면 읽은 책을 다른 사람에게 말이나 글로 설명하면 효과적이다. 가장 쉬운 방법이 독서일기다. 매일 읽은 만큼 독후감을 쓰면 좋다. 독서 토론도 좋은 방법이다. 요즘은 지역마다 도서관이 있고, 도서관 프로그램으로 독서 토론 모임도 많다. 지역 사회에 독서 토론 모임이 있는지 알아보고, 적극적으로 참여하면 된다.

독서 효과를 높이는 세 번째 방법은 질문이다. 질문하며 읽으면 그냥 읽을 때는 보지 못했던 것이 다양하고 유익한 형태로 다가온다. 책이 얼마나 도움이 될지는 좋은 질문을 얼마나 많이 하느냐에 달려 있다.《포커스 리딩》은 독서를 할 때 이렇게 질문하라고 권고한다.

- 저자는 왜 그런 방법을 택했는가?
- 저자가 강조하는 바가 정말 가치 있는 것인가? 그렇다면 왜 가치가 있는가?
- 저자가 제시한 방법 외에 무엇이 더 필요한가?
- 저자가 나에게 요구하는 방법 외에 무엇이 더 필요한가?
- 이 역경을 통해 어떤 방향으로 발전할 수 있을까?
- 이번 시련은 어떤 의미에서 기회가 될 수 있을까?

- 목표 달성을 위해서 저자는 무엇을 포기했는가?
- 저자의 방법에 비춰볼 때, 어떻게 해야 나는 내 할 일을 더 잘할 수 있는가?
- 이 책에서 무엇을 배울 수 있는가?
- 책의 내용을 바탕으로 생각해볼 때, 나의 목표는 정확한가?
- 미래에 나는 어떤 모습이 되어야 하는가?
- 내가 이루고 싶은 것은 무엇인가?
- 현재 내게 닥친 어려움은 나에게 어떤 의미가 있는가?

이런 질문은 책 읽는 사람의 상황을 바꿔준다. 근원적인 질문은 원점에서 다시 문제를 바라볼 여유를 주고, 근시안적인 사고에서 벗어나 장기적으로 문제를 해결하도록 안내한다. 질문이 있어야 가려져 있던 답이 보인다. 지금 뭔가를 바꾸고 싶다면 우선 문제에 질문을 던져라.

그런데 사실 독서 효과를 높이는 방법이 어떻고, 질문을 어떻게 하고 같은 방법론은 그리 중요하지 않다. 인문 고전을 읽으면 천재 뇌를 닮아가고, 돈을 많이 벌어 부자가 되고, 높은 자리에 오르고 같은 독서 결과는 생각하지 마라. 일단 들고 읽어라. 실천이 가장 중요하다. 읽다 보면 자신만의 독서법을 발견하게 된다. 독서 결과는 진인사대천명이다.

남진우 시인은 독서를 '놀라움으로 가득 찬 불놀이'라고 표현했다. 당신은 지금까지 살아오며 불놀이 같은 독서를 몇 번이나 했는가? 불놀이 같은 독서를 한 후 '불로 이글거리는 머리를 이고 세상 속으로 뛰어들곤' 한 경험은 있는가?

천적이 없는 새는
다시 날개가 사라진다지

팀 하포드가 쓴 《어댑트》를 보면 진화생물학자인 존 엔들러(John Endler)가 1970년대에 열대어 구피를 처음 연구하면서 흥미로운 패턴을 목격한 이야기가 나온다. 엔들러는 폭포를 사이에 두고 하류에 사는 구피들은 색이 단조로웠지만, 상류에 사는 구피들은 화려한 색을 띤 것을 발견했다. 그는 그 원인을 구피의 천적인 파이크 시클리드 때문이라고 가정했다. 즉, 하류에 사는 구피는 파이크 시클리드가 있는 위험한 환경 속에서 생존을 위해 몸을 위장할 수 있도록 색깔이 단조롭게 진화한 반면, 상류에 사는 구피는 파이크 시클리드의 위협이 없다 보니 이성의 관심을 끌기 위해 화려한 색깔로 진화했다는 것이다.

엔들러는 좀 더 통제된 환경에서 이 가설을 실험해보기로 하고 넓은 온실 안에 구피 연못 10개를 만들었다. 어떤 연못에는 바닥에 조약돌을 깔고, 어떤 연못에는 고운 모래를 깔았다. 그리고 몇 개 연못에는 위험한 파이크 시클리드를 풀고, 나머지 연못에는 그보다 순한 포식자를 집어넣거나 아예 집어넣지 않았다. 14개월 후 10세대가 지나면서 구피 개체들은 점차 환경에 적응했다.

결론적으로 위험한 연못에는 가장 지루한 색을 띤 구피들만 살아

남아 번식했다. 뿐만 아니라 조약돌을 채운 연못에는 큼직큼직한 무늬를 띤 구피가, 고운 모래를 깐 연못에는 자잘한 무늬를 한 구피가 나왔다. 이보다 안전한 연못에는 화려한 점박이 구피들이 새끼를 더 많이 나았는데, 암컷 구피들은 알록달록한 반점 무늬 수컷에 더 끌리는 듯했다. 이 실험은 진화생물학의 고전을 현대적으로 재해석한 것으로, 파이크 시클리드의 등장과 같은 새로운 문제에 개체가 어떻게 적응하는지 보여주는 놀라운 사례다.

다음 소개할 반칠환 시 〈날개〉도 변화와 적응을 주제로 한 시다. 먼저 시를 음미해보자.

저 아름다운 깃털은
오솔오솔 돋던 소름이었다지
창공을 열어 준 것은
가족이 아니라 무서운 야수였다지
천적이 없는 새는 다시
날개가 사라진다지
닭이 되고, 키위가 된다지

—〈날개〉, 반칠환

그렇다면 우리는 언제 변화해야 할까? 이대로는 안 되겠다고 느끼는 순간이 바로 변화를 꾀할 시기다. 그 시기는 2가지로 나눌 수 있다. 첫째는 부정적으로 변화 시기가 찾아올 때다. 사업이 망하거나 직장에서 실직할 때 같은 경우다. 이런 부정적인 상황과 맞닥뜨렸을 때는 어떻게 대처하느냐가 중요하다. 대부분 좌절하거나 두려움에 빠진다. 그러나 이때 변화를 모색해야 한다. 구피도 환경이 바뀌면 생존을 위하여 자신을 바꾸며 적응했다.

둘째는 긍정적으로 변화 시기가 찾아올 때다. 문제는 없지만 지루함과 회의를 느낄 때가 있다. '이 길이 내 길이 아닌데', '이제는 나의 인생을 살고 싶다', '내가 할 수 있는 새로운 일은 없을까?'와 같은 생각이 들 때다. 그러기 위해서는 용기가 필요하다. 그냥 안주하며 '이만하면 됐지' 하는 순간 날개는 퇴화한다. 닭이나 키위처럼.

조(趙)나라 무령왕은 마음이 불편했다. 자신의 치세에 나라의 존재감이 형편없이 몰락했기 때문이다. 특히 진(秦)나라의 괴롭힘이 컸다. 일전에 한·위와 연합하여 진나라를 공격했지만, 대패해 군사 8만을 잃었다. 그 와중에 제나라 공격을 받아 패퇴했다. 다음 해에는 진나라에 중도와 서양을 빼앗겼다. 2년 후 진나라 침략에 다시 인읍을 빼앗겼다. 진나라는 장군 조장마저 사로잡아갔다. 무령왕은 상황이 점점 나빠지자 이러다가 나라가 망할지도 모른다는 생각에 불안했다.

그렇다고 걱정만 할 수는 없지 않은가. 리더라면 모름지기 해결책이 있어야 한다. 무령왕의 고민은 점차 깊어져 갔다. 어떻게 해야 한단 말인가. 그동안 선왕들이 쌓아온 공적을 이어 나라를 부흥시키기 위해서는 강력한 병사가 필요했다. '강한 병사'를 향한 고민이 무령왕의 머릿속을 떠나지 않았다. 그때 번뜩하고 스치는 생각이 있었다. 이에 누완을 불렀다.

"지금 중산국은 우리나라의 복심(腹心)에 있으니 북쪽으로는 연나라가 있고 동쪽으로는 동호(東胡)가 있고 서쪽으로 임호, 누번(樓煩), 진(秦)나라, 한나라의 변경이 있으며, 우리에게는 강력한 병사들이 없어 나라가 멸망하게 되었으니 어찌하면 좋겠는가? 세상 사람을 높이 뛰어넘는 명성은 반드시 세상의 습속을 어긋난다는 꾸짖음을 받기 마련이니, 나는 호복(胡服,오랑캐옷)을 입고자 한다."

누완이 말했다.

"옳습니다. 하지만 신하들이 호복 입는 것을 원치 않을 겁니다."

이때 비의가 왕을 모시고 있었는데, 왕은 호복이 필요한 이유를 다시 강조했다.

"내가 호복을 입는 이유는 적을 약하게 하여 힘은 적게 들고 공을 많이 얻게 할 수 있으니, 백성들은 모두 수고롭게 하지 않고도 지난날의 업적을 계승할 수 있소. 무릇 세상에서 뛰어난 공을 세운 사람은 세속의 습속을 위배했다는 모함을 받게 되며, 홀로 지혜롭고 사려가 깊은 사람은 오만한 백성들의 원망이 따르기 마련이오. 이제 나는 장차 호복을 입고 말 타고 활 쏘면서 백성을 가르치려고 하는데, 세상에서는 반드시 과인을 두고 논의할 것이니 과인은 어찌해야 하오?"

갑작스러운 변화는 신하들의 반대에 부딪혔지만, 무령왕은 이들을 설득하여 돌파했다. 조나라는 드디어 호복을 입고 병사를 불러 모아 말타기와 활쏘기를 배웠다.

자신감을 지니고 자신을 칭찬하라

무령왕이 호복 부대를 만든 이유는 무엇일까? 무령왕은 개혁과 함께 일관된 전략이 있었다. 바로 북방 개척이다. 특히 중산을 얻고자 했다. 중산은 산악지대에 있었다. 중산을 정복하려면 전차로는 불가능했다. 그래서 무령왕은 산악지대 전투에 유리한 기마부대를 창설키로 한 것이었다.

그 결과, 무령왕은 중산을 공략하여 영가에 이르렀고, 서쪽으로 호(胡)땅을 공략하여 유중에 이르렀다. 임호왕은 말을 바쳤다. 대(代)땅의 재상 조고가 호땅을 다스리며 병사들을 불러 모았다. 다음에 또 중산을 공격하여 중산국이 성읍 4개를 바치며 강화를 원하자 군대를 철수했다. 그 이후에도 지속해서 중산을 공격하여 빼앗은 땅이 북쪽으로는 연과 대에 이르고, 서쪽으로는 운중과 구원까지 이르렀다.

그런데 무령왕의 변화가 빛나는 것은 단지 호복을 입고 강한 병사를 만든 것에 있지 않다. 이것은 수단이었다. 무령왕의 진짜 목적은 다른 데 있었다. 비록 실행하지 못하고 죽었지만, 본심은 진(秦)나라를 공략하는 것이었다. 진은 상앙을 받아들인 후, 전국시대의 절대 강자로 군림하기 시작했다. 특히 진나라의 외교정책 기본은 먼 나라와는 친하게 지내고, 가까운 나라를 공격해서 합병하는 원교근공 전략이었다.진나라와 가까운 조나라로서는 위기감을 느낄 수밖에 없었다.

공원국의 《춘추전국이야기8》에서 우리는 무령왕의 본심을 읽을 수 있다. 재위 27년이 되던 해에 왕위를 아들에게 물려주고 자신은 호를 공격하는 동시에 호의 기병을 이용하여 진을 직접 칠 계획을 세웠다. 이것은 산동 국가들이 한 번도 생각해본 적 없는 완전히 새로운 개념이었다. 진으로 들어가는 좁은 길목인 함곡관을 의미 없는 곳으로 만들고, 북쪽에서 일거에 함양으로 들이치겠다는 획기적인 계획이었다.

전차나 우차가 다닐 길이 잘 닦여 있지 않더라도 기병이라면 극복할 수 있었다. 기병은 속도가 관건이었다. 기병으로 성을 공격할 수는 없으므로 일거에 들이쳐야 했다. 그러기 위해서는 관중의 지형을 확실히 익히고 있어야 하기에 거짓으로 몸소 사자가 되어 진나라로 들어갔다. 진나라 소왕은 처음엔 이 사실을 알지 못하였다. 얼마 있다가 모습이 매우 위엄이 있어 신하 된 자의 풍모가 아님을 이상하게 여겨 사람을 보내어 뒤쫓게 했다. 무령왕이 이미 진나라 관문을 벗어난 뒤였다.

무령왕은 이처럼 조나라의 부흥을 위해 과감한 변화를 시도했다. 비록 오랑캐의 방법이나 제도라 해도 자신들에게 적용하여 유리하게 활용할 수 있으면 받아들이는 유연성을 갖춰 결국엔 중산을 멸했다.

당신 앞에는 어떤 위기가 있는가? 위기의 순간에 어떻게 대처하는 게 옳은 방법일까? 무엇을 준비하더라도 방법을 알고 하면 얼마나 좋겠는가. 가장 먼저 할 일은 자신감을 회복하는 것이다. 자신감이 있어야 스트레스를 줄일 수 있다. 자신감이 있어야 위기를 헤치고 미래를 준비할 힘을 얻을 수 있다. 두 번째로 할 일은 자신을 칭찬하는 것이다. 다른 사람만 칭찬하고, 정작 자신의 잘한 일이나 재능에는 칭찬에 인색한 사람이 많다. 수시로 자신을 칭찬해보자 '이렇게 해결했으니 정말 잘했어', '너니까 가능한 일이야', '너는 능력 있으니 앞으로 더 잘할 거야'처럼 자신을 칭찬하면 변화에 두려움을 느낄 때 용기를 낼 수 있다.

역경은 변화의 필요성을 절감하도록 충격을 준다. 구피가 파이크 시클리드에게 생명의 위협을 느끼는 순간 자신의 색을 바꾸어가듯 말이다. 그러나 가장 이상적인 변화는 아무런 문제가 없을 때, 편안하다고 느낄 때, 이만하면 됐지, 하는 순간에 시도하는 것이다. 키위처럼 날개를 잃을지 모르니.

다시 끌러 새로 채우면 되는, 단추 같은 삶

살다 보면 후회할 때가 많다. '그때 이렇게 했으면 얼마나 좋았을까' 하며 다시 그 순간으로 돌아가면 같은 실수를 저지르지 않을 텐데 한다. 글도 여러 번 고쳐 써서 더 좋은 글을 만들어내듯, 인생사도 고쳐서 더 좋게 다시 사는 방법은 없는 걸까? 잘못 채운 단추를 끌러 다시 채우듯, 인생도 그렇게 할 수 있다면 얼마나 좋을까? 그런 소망을 담은 시가 이정하 시인의 〈단추〉다.

1
삶이 말이야
단추 같은 것이라면 좋겠어

어쩌다 잘못 채워져 있을 때
다시 끌러 새로 채우면 되는

2
다시 채울 수 없다고

억지로 잡아떼지 마

단추가 무슨 죄인가
잘못 채운 나를 탓해야지

─〈단추〉, 이정하

이사(李斯)는 초(楚)나라 상채(上蔡) 사람이다. 젊은 시절 고을 하급 관리를 지냈다. 어느 날 이사는 관청 변소 안에서 쥐가 오물을 먹다가 사람이나 개가 가까이 가면 놀라며 두려워하는 모습을 보았다. 그런데 창고 안의 쥐를 보니 쌓아 놓은 곡식을 먹고 큰 집에서 살며 사람이나 개를 보고도 겁을 내지 않았다. 이에 이사가 탄식하며 "사람이 잘나고 못나는 것이 쥐와 같이 자신이 처한 상황에 달려 있구나!" 하고 말했다.

이에 순경에게서 제왕의 학술을 배웠다. 학업을 마치자 초(楚)나라 왕은 섬기기에 부족하고, 여섯 나라는 모두 약해서 공을 세울 수 없다고 생각하여 서쪽 진(秦)으로 들어가기 위해 순경에게 작별 인사를 하면서 이렇게 말했다.

"이 이사가 듣기에 때를 얻으면 게으르지 말라고 했습니다. 지금은 제후들이 다투고 있는 때라 유세가들이 일을 주도합니다. 지금 진나라 왕은 천하를 합병하여 '제'라고 칭하며 다스리려고 합니다. 이는 평민들이 내달릴 때이자 유세가들이 활약할 시기입니다. 비천한 자리에 있으면서 계획을 세워 실행하지 않는 것은 짐승이 고기를 바라만 보는 것이고, 사람 얼굴을 하고 억지로 살아가는 것일 뿐입니다. 그러니 비천함보다 더 큰 부끄러움은 없고, 곤궁함보다 더 심한 슬픔은 없습니다. 오랫동안 비천한 자리와 곤궁한 처지에 있으면서 세상을 비난하고 이(利)를 미워하며, 아무것도 하지 않으면 남자 마음이 아닙니다. 그래서 저는 서쪽 진나라로 가서 왕에게 유세하고자 합니다."

진나라에 이르자 때마침 장양왕이 죽었다. 이사는 바로 진의 재상 문신후 여불위의 문객이 되기를 청했다. 여불위는 이사를 유능하다고 보고 낭에 임명했다. 이사는 기회를 얻어 진왕에게 이렇게 유세했다.

"기다리기만 하는 사람은 기회를 놓칩니다. 큰 공을 이루는 사람은 틈을 놓치지 않고, 마침내 그것을 견디어 내는 데 있습니다. (중략) 지금 제후들이 진에 복종하여 마치 진의 군현과 같습니다. 대저 진의 강대함, 대왕의 현명함으로써 부뚜막에 있는 먼지를 청소하듯 제후들을 없애고 제업을 이루어 천하를 통일할 수 있으니 이는 만년에 한 번 얻을 기회입니다. 지금 게으름을 부리며 급히 이루지 않고 있다가 제후들이 다시 강해져 서로 모여 합종을 맹약하게 되면 비록 황제의 현명함이 있더라도 합병할 수 없습니다."

진왕은 이에 이사를 장사(長史)로 삼고, 계책을 듣고 은밀하게 모사들에게 금과 옥을 가지고 제후들에게 유세하게 했다. 제후국 명사 중 재물로 굴복할 수 있는 자에게는 후한 예물을 보내 결탁했고, 받으려고 하지 않는 자들은 날카로운 칼로 찔렀다. 군신을 이간질하는 계략과 함께 진왕은 훌륭한 장수에게 뒤를 따르게 했다. 진왕은 이사를 객경에 임명했다.

결국 진은 천하를 통일했으며, 왕을 높여 황제라고 했고, 이사를 승상으로 삼았다. 군과 현의 성벽을 허물고 무기들을 녹여서 다시는 사용하지 않겠다는 의지를 보여주었다. 이사의 맏아들 이유는 삼천군의 군수가 되었고, 여러 아들들은 모두 진의 공주에게 장가들고, 딸들은 모두 진의 여러 공자에게 시집을 갔다. 삼천군의 군수 이유가 휴가를 얻어 함양으로 돌아오자 이사는 술잔치를 베풀었다. 백관의 우두머리가 모두 참석해 이사에게 장수를 기원했는데, 대문과 뜰에는 수레와 말이 수천이나 되었다

인생은 길고, 채울 단추는 많다

이사는 '어쩌다 잘못 채워'진 단추를 '다시 끌러 새로 채우'며 인생의 황금기를 맞이했다. 뛰어난 능력과 전략으로 진시황이 천하를 통일하는 데 1등 공신이 되었다. 진시황이 공신들에게 땅을 떼어주고 다스리게 한 제후제를 폐지하고, 군현제를 실시해 중앙집권체제를 강화한 정책도 이사의 설계와 구상에 따른 것이었다. 통일 후 군과 현의 성벽을 허물고, 한 자의 땅도 신하들에게 봉하거나 황제의 자제들을 세워 왕으로 삼지 않았으며, 공신들을 제후로 삼지도 않았다.

여기까지는 괜찮다. 이후 이사의 삶은 어떻게 되었을까? 인생은 길고, 채울 단추는 많다. 그러다 보면 단추 한두 개쯤은 잘못 채우게 마련이다. 잘못 채운 단추를 이사는 억지로 잡아떼려 했지만 실패하고 만다. 이사가 잘못 채운 단추는 무엇이었을까?

진시황은 전국을 순행하던 중 길에서 죽었다. 이때 이사는 조고와 짜고 호해를 황제로 만들었다. 이때부터 이사와 조고는 권력 싸움을

시작하고 결국엔 이사가 패한다. 이사의 마지막 장면을 보자.

 2세 황제는 이미 예전부터 조고를 신임했던지라, 이사가 그를 죽일까 두려워 남몰래 조고에게 이를 일러주었다. 조고가 말하기를 "승상 이사의 걱정거리는 오직 조고뿐이며, 제가 죽으면 승상께서는 곧 전상처럼 스스로 황제 자리에 앉으려 할 것입니다" 하고 모함을 했다. 이리하여 2세 황제는 "이사를 조고에게 넘겨 조사하라!" 하고 명을 내렸다. 조고가 이사의 죄목을 심문했다. 이사는 구속되어 묶인 채 감옥에 갇히자 하늘을 우러러보며 이렇게 탄식했다.

 "아, 슬프구나! 도리를 모르는 군주에게 무슨 계책을 말할 수 있으랴! 옛날 하 걸왕은 관용봉을 죽였고, 은 주왕은 왕자 비간을 죽였으며, 오왕 부차는 오자서를 죽였다. 이 세 신하가 어찌 충성을 바치지 않았겠는가? 그럼에도 죽음을 면치 못한 것은 충성을 받을 만한 군주가 못 되었기 때문이다. 지금 나의 지혜가 그들 세 사람보다 못하고, 2세 황제의 무도함은 걸왕, 주왕, 부차 등보다 더 심하니, 내가 충성했기 때문에 죽는 것도 당연하도다. 그리고 2세 황제의 다스림이 어찌 어지럽지 않겠는가? 지난날 그는 자기 형제들을 죽이고 스스로 즉위했고, 충신을 죽이고 미천한 자를 귀하게 여기며, 아방궁을 짓느라고 천하 백성들에게 세금을 징수했다. 내가 직언하지 않은 것이 아니라, 그가 나의 말을 듣지 않았을 뿐이다. 무릇 옛날의 성왕들은, 식사할 때도 예절을 지녔고, 수레나 물건에도 일정한 수를 따졌으며, 궁궐을 짓는 데도 한도가 있었다. 조칙을 내려 어떤 일을 함에는 비용을 들이며 백성에게 아무런 이익이 없는 것을 하지 않았으므로, 오랫동안 평온하게 다스린 것이다. 그는 지금 형제에게 도리에 어긋난 행위를 하고도 그 허물을 돌아보지 않고, 충신을 죽이면서 재앙을 생각하지 않는다. 크게 궁실을 지으며, 백성들에게 과중한 세금을 부과하고, 비용을 아껴 쓰지 않는다. 이 세 가지가 이미 자행되고 있는 한 천하의 백성들은 그에게 복종하지 않을 것이다. 지금 반역자가 천하의 반을 차지했건만, 황제는 아직도 깨닫지 못하고 조고를 보좌관으로 삼고 있다. 내가 반드시 도적이 함양에 이르고 고라니와 사슴이 조정에서 노는 꼴을 보겠구나.”

2세 황제는 조고에게 승상을 하옥해 처벌하게 했다. 이사는 아들 유와 함께 국가 모반죄를 추궁당했고, 친족과 빈객들이 모두 구속되었다. 조고가 이사를 심문하면서 1천여 번이나 매질하며 고문하자, 이사는 고통을 이기지 못하고 허위로 자백하고 말았다. 이사가 자살하지 않은 까닭은 공로가 있고 실제 모반의 마음이 없었다는 자기 변명과 다행히 황제에게 스스로 진정서를 올리면 황제가 사실을 깨닫고 자기를 사면해줄 것으로 믿었기 때문이다. 이사는 옥중에서 글을 올렸지만, 조고가 담당 관리에게 폐기하라고 시켰다.

조고가 자기의 식객 10여 명을 시켜 거짓으로 어사·알자·시중인 것처럼 꾸며, 번갈아 이사를 찾아가서 심문하게 했다. 이사가 번복해 사실대로 대답하면, 사람을 시켜 다시 매질했다. 나중에 2세 황제가 사람을 시켜 이사를 심문하자 이사는 예전처럼 하리라 생각하고 끝내 감히 무고함을 번복하지 못하고 굴복하고 말았다. 판결이 황제에게 아뢰어지자 2세 황제는 기뻐하며 “조고가 아니었다면 승상에게 속을 뻔했구나" 하고 말했다.

이어서 2세 황제는 삼천군 군수를 조사하기 위해 사자를 파견했다. 그러나 반란군 항량(項梁)이 이미 그를 공략해 죽인 뒤였다. 사자가 돌아오자 승상은 형리에게 넘겨졌고, 조고는 모반죄의 진술서를 모두 날조했다. 2세 황제 2년 7월에 이사에게 오형을 내린 뒤 함양의 저잣거리에서 허리를 자르라는 명이 떨어졌다. 이사가 감옥에서 나오며, 함께 투옥된 둘째 아들을 돌아보며 말하기를 "내가 너와 함께 다시 한번 누런 개를 끌고서 고향 상채 동쪽 변두리로 나가 토끼 사냥을 하려고 했는데, 어쩔 수가 없게 되었구나!" 하며, 마침내 부자가 서로 울음을 터뜨렸다. 이 사건으로 삼족이 모두 사형을 당했다. 이사가 죽고 나서 2세 황제는 조고를 예우해 중승상(中丞相)으로 삼았고, 일이 크든 작든 모두 조고에게 결정하게 했다.

《사기》의 저자 사마천은 이사를 이렇게 평가했다.

"이사는 빈민 출신으로 제후들에게 유세하다가 진으로 들어가서 섬겼는데, 열국들이 서로 다투는 기회를 틈타 진시황을 보필해 결국 황제의 대업을 이루게 했다. 이사는 삼공이 되었으므로 높게 등용되었다고 할 수 있다. 이사는 육예의 귀결을 알면서도 군주의 결점을 보완하는 공명정대한 정치에 힘쓰지 않았다. 작위와 녹봉의 중대함을 유지하고, 군주에게 아부하면서 구차하게 영합했다. 조직을 엄히 하고, 형벌을 혹독하게 했으며, 조고의 간사한 말을 듣고서 적자를 폐하고, 서자를 즉위하게 했다. 제후들이 이미 반란을 일으킨 뒤에 이사가 직언하려고 했으니, 어찌 늦지 않았으랴! 사람들은 모두 이사가 극진하게 충성했으나 오형을 당해 죽은 줄로 안다. 그러나 본말을 살펴보면 세속의 공론과 다르다. 그렇지만 않았더라면 이사의 공은 주공이나 소공과 같은 대열이었을 것이다."

분명 이사는 단추를 잘못 채웠다. 그럴 수 있다. 긴 인생에서 채워야 할 단추가 얼마나 많은가? 그중 한둘 정도 잘못 채울 수 있다. 잘못 채웠다고 생각했을 때 단추를 끌러 다시 채우면 된다. 반성하고, 사과하고, 되돌릴 수 있으면 원상복구하는 게 순리다. '다시 채울 수 없다고/억지로 잡아떼'면 문제만 커진다. '단추가 무슨 죄인가/잘못 채운 나를 탓해야지.'

사람,
아름다운 책

《장자》〈천도〉에 이런 이야기가 나온다. 제나라 환공이 누각 위에서 책을 읽고 있었다. 그 아래에서 땀을 흘리며 수레바퀴의 굴대를 끼우던 윤편이 계단을 올라 임금에게 물었다.

"전하, 지금 읽고 계신 것이 무엇입니까?"

"옛 성인의 책이니라."

"그분은 살아계신가요?"

"죽었지."

"그렇다면 전하께서는 옛사람의 껍데기를 읽고 계신 거로군요."

환공이 화가 났다.

"네 이놈! 무엄하구나. 그 말이 무슨 뜻이냐? 까닭이 있으면 살려주려니와, 그렇지 않다면 살려두지 않으리라."

윤편이 대답한다.

"저는 저의 일을 가지고 판단할 뿐입니다. 제가 바퀴를 끼운 것이 지금까지 수십 년입니다. 그런데 굴대가 조금만 느슨해도 금방 빠지고, 조금만 빡빡해도 들어가질 않습니다. 느슨하지도 빡빡하지도 않은 것을 제 마음과 제 손으로 느껴 깨달을 뿐이지요. 그 이치는 제 아들

녀석에게도 가르쳐 줄 수 없고, 전하께도 알려드릴 수 없습니다. 옛 성인들이 하고 싶은 말이 있다 해도 그가 죽으면서 한 말은 다 없어지고 말았을 것입니다. 그러니 전하께서 읽으시는 것은 옛사람의 껍데기일 밖에요."

한 노인의 죽음은 도서관 하나가 없어진 것과 같다는 말이 있다. 사람의 지혜가 책만큼 소중하다는 뜻이다. 공광규 시인의 〈아름다운 책〉은 사람이 책이 되는 이유를 이렇게 설명한다.

어느 해 나는 아름다운
책 한 권을 읽었다
도서관이 아니라 거리에서
책상이 아니라 식당에서 등산로에서
영화관에서 노래방에서 찻집에서
잡지 같은 사람을
소설 같은 사람을
시집 같은 사람을
한 장 한 장 맛있게 넘겼다
아름다운 표지와 내용을
가진 책이었다
체온이 묻어나는 책장을
눈으로 읽고
혀로 넘기고

두 발로 밑줄을 그었다

책은 서점이나 도서관에만

있는 게 아닐 것이다

최고의 독서는 경전이나

명작이 아닐 것이다

사람, 참 아름다운 책 한 권

—〈아름다운 책〉, 공광규

연(燕)나라 소왕은 스스로 몸을 낮추고 사람들을 후대하여 어진 자를 불러들였다. 이를 통해 제나라에게 당한 수모를 설욕하고자 하였다. 소왕은 우선 곽외 선생을 찾아뵙고 물었다.

"제나라는 우리나라 내란을 틈타 침입하여 나라를 망쳤습니다. 제 생각으로는 우리 연나라가 작고 힘이 모자라 복수하기에 부족하다고 여기나, 그래도 능력 있는 사람들을 모아들여 나라를 함께 일으켜 선왕의 치욕을 씻어야 한다고 봅니다. 이것이 저의 소원입니다. 어떻게 하면 될지 지도해 주십시오."

그러자 곽외 선생은 이렇게 의견을 내세웠다.

"제왕은 스승과 함께 사귀고, 왕자(王者)는 친우와 함께 사귀며, 패자는 신하와 함께 사귀고, 나라를 망칠 자는 역부들과 함께 사귄다고 하였습니다. 몸을 굽혀 남을 스승으로 모시고, 제자가 되어 학문을 배우면 자기보다 백 배 나은 자가 찾아오는 법입니다. 그다음 먼저 달려 나와 일하고 나중에 쉬며, 먼저 묻되 나중에 아는 척하면 열 배 나은 자가 찾아옵니다. 남이 달려나가 일할 때 나도 달려나가 일하면 자기와 같은 자가 찾아옵니다. 의자에 앉아 거드름이나 피우고 눈을 부라리면서 일만 시키면 그저 마구간 잡역부 정도나 찾아오겠지요. 남을 미워하고 화를 잘 내고 교만하고 핑계 대며 꾸짖기만 할 줄 아는 자에게는 노예들이나 겨우 찾아오는 법입니다. 이상은 예로부터 내려오는 것으로, 도에 복종하여 선비를 모으는 방법입니다. 왕께서 진실로 나라 안의 현자를 널리 선택하시려거든 먼저 그 문하에 몸을 굽혀 찾아가십시오. 왕이 그렇게 겸손히 어진 자를 구한다는 소문을 듣게 되면 천하의 선비들이 틀림없이 우리 연나라로 달려올 것입니다."

소왕이 물었다.

"그렇다면 제가 먼저 누구를 찾아보는 게 좋겠습니까?"

사람을 섬기면 훌륭한 인재가 찾아온다

곽외는 이렇게 비유를 들었다.

"제가 옛날이야기를 하나 하겠습니다. 옛날에 한 왕이 1천 금으로 천리마를 구하려 하였지만, 3년이 되도록 구하지 못하였습니다. 그때 궁중 청소를 하는 자 하나가 '청하건대 제가 구해 오겠습니다' 하더랍니다. 왕이 그를 보냈더니 과연 석 달 만에 천리마를 구하였습니다. 그러나 죽은 말이었는데도 그자는 5백 금에 말의 머리를 사서 돌아와보고하더랍니다. 왕은 크게 노하여 꾸짖었습니다. '나는 살아 있는 말을 구하는데, 죽은 말을 어찌 5백 금이나 주고 사 왔단 말이냐?' 그러자 그자의 대답은 이러하였습니다. '죽은 말도 5백 금이나 주고 사는데, 하물며 살아 있는 말이야 어떻겠습니까? 천하가 틀림없이 왕께서 말을 살 줄 안다 여기고 곧 좋은 말들이 모여들 테니 두고 보십시오.' 과연 일 년이 지나지 않아 천리마가 세 필이나 들어왔습니다. 지금 대왕께서 진실로 선비를 모으고 싶거든 저부터 시작하십시오. 저 같은 자도 섬김을 받는다면 하물며 저보다 어진 자들이 가만히 있겠습니까? 어찌 천 리를 멀다 하겠습니까?"

이에 소왕은 곽외 선생을 위해 집을 지어 주고 스승으로 모셨다. 그때부터 과연 악의가 위나라에서, 추연이 제나라에서, 극신이 조나라에서 찾아들고, 숱한 선비들이 앞다투어 연나라로 몰려들었다. 연왕은 사람이 죽는 일이 생기면 일일이 찾아가 조문하고 유족을 위문하는 등 신하들과 함께 기쁨과 고통을 같이했다. 그러자 나라는 부강해지고, 군대는 안락하면서도 싸움을 두려워하지 않는 정신을 갖게 되었다. 이에 연나라는 악의를 상장군으로 삼고, 제나라에 복수할 기회를 엿보았다.

"몸을 굽혀 남을 스승으로 모시고, 제자가 되어 학문을 배우면 자기보다 백 배 나은 자가 찾아오는 법입니다"라고 한 곽외 말은 〈아름다운 책〉과 의미가 통한다. 진 소왕이 처음 범저를 만나는 광경을 떠올려 보자. 소왕이 무릎을 꿇은 채 범저에게 사정을 하는 장면이 기억날 것이다.

"우리 진나라는 멀리 떨어져 있고 과인은 어리석고, 똑똑하지 못한 사람입니다. 그런데 선생께서 욕됨을 무릅쓰고 와 주셨으니, 이는 하늘이 과인에게 선생의 도움을 받아 선왕의 종묘를 이어가도록 한 것입니다. 과인이 선생의 가르침을 받게 된 것은, 하늘이 우리 선왕을 위해 고아인 과인을 버리지 않았기 때문입니다. 그런데 선생께서는 어떻게 그런 말씀을 하십니까? 앞으로는 크고 작은 일을 가리지 않고 위로는 태후에 관한 일로부터 아래로는 대신에 관한 일까지 모든 것을 과인에게 가르쳐 주시고 과인을 의심치 말아 주시오."

하급 관리 윤처관이 좌의정 박원형의 집을 방문했다. 이름 적은 종이를 청지기에게 내밀었지만 대감이 낮잠을 잔다고 하여 만나지 못했다. 온종일 기다리며 밥도 먹지 못한 윤처관은 집에 와서 아들 윤효손에게 열심히 공부하여 아비와 같은 수모를 당하지 말라고 일렀다. 이튿날 윤처관이 다시 방문해 좌의정을 만났을 때 좌의정은 이름을 적은 종이 뒤쪽을 보았다. 거기에는 아들 윤효손이 쓴 시가 있었다.

재상이 달게 자는데 해는 중천에 있으니
문 앞에서는 이름 적은 종이에 보푸라기 이는구나
꿈속에서 주공을 만난다면
옛날 주공이 음식을 뱉고 또 머리를 쥐던 일을
모름지기 물어보시지요.

이 시를 읽은 좌의정은 감탄했다. 《논어》에 나오는, 공자가 꿈속에서 주공을 만나고 싶어 하는 이야기와 주공의 삼토포 삼악발(三吐哺 三

握髮)을 절묘하게 비유해 섞은 시였기 때문이다. 권력이 있을수록 겸손해지라는 교훈을 윤효손이 정승에게 이른 시였다. 윤처관은 아들이 장난으로 썼다고 했으나 좌의정은 윤효손을 만나 사위로 삼았다.

《한시외전》에 이와 관련한 이야기가 나온다.

주(周)나라는 무왕이 은(殷)나라 주왕을 멸하고 세운 나라로, 무왕 치세에 혼란하던 정세를 점차 회복해갔다. 무왕이 질병으로 죽고, 나이 어린 성왕이 제위에 오르자 반란이 일어나기도 해 천하 정세는 아직 안정된 상태가 아니었다. 그래서 무왕의 아우이자 성왕의 삼촌인 주공 단이 섭정하며 주 왕조의 기반을 굳건히 다졌다. 주공은 주 왕실의 일족과 공신들을 중원의 요지에 배치하여 다스리게 하는 대봉건제를 실시하여 주 왕실의 수비를 공고히 했다. 이때 아들 백금도 노(魯)나라 땅에 봉해져 떠나게 되자 주공은 다음과 같은 말을 해주었다.

"나는 한 번 씻을 때 세 번 머리를 거머쥐고(一沐三握髮:), 한 번 먹을 때 세 번 음식을 뱉으면서(一飯三吐哺:일반삼토포) 천하의 현명한 사람들을 놓치지 않으려고 했다."

이는 머리를 감고 있는데 귀한 손님이 찾아오면 다 감을 때까지 기다리라고 하지 않고 머리를 감다 말고 세 번씩이나 머리를 거머쥐고 나가고, 입안에 음식을 넣고 씹고 있는데 손님이 찾아오면 씹던 음식을 뱉어내고 맞이한다는 뜻이다. 주공은 아들에게 나라를 위해 정무를 잘 보살피려면 잠시도 편히 쉴 틈이 없다는 사실과 훌륭한 인물을 얻기 위해서는 정성을 기울여야 한다는 점을 말해주려 했던 것이다. 공자는 《논어》에 "오랫동안 꿈속에서 주공을 만나지 못했다"고 아쉬워하는 구절로 주공에 대한 존경을 표시했다.

우리 조상들은 공부할 때 여택(麗澤)을 중요하게 생각했다. 여택은 인접해 있는 두 연못이 서로 물을 윤택하게 한다는 뜻으로, 벗끼리 서로 도와 학문과 덕행을 닦는 일을 비유적으로 이르는 말이다. 공자는 일찍이 이렇게 말했다.

"세 사람이 함께 길을 가면 반드시 스승이 있으니(三人行, 必有我師焉) 그중에 선한 사람을 따르고(擇其善者而從之), 선하지 못한 사람을 보면 자신 잘못을 고쳐라(其不善者而改之)."

이는 곧 사람이 책이 될 수 있다는 말이다. 과연 당신 곁에는 사람 책이 얼마나 있는가?

어깨에
힘을 주는 사람들에게

　　김홍도 그림으로 '안릉신영도'가 있다. 황해도 안릉에 신임 현감이 부임하는 모습을 담은 그림이다. 행렬 규모가 대단하다. 각종 번기를 든 기수 48명이 앞장을 서고 있다. 그 뒤로 악대, 군인, 아전, 기생까지 긴 행렬이 이어진다. 그림의 길이가 6미터를 넘으니 얼마나 많은 사람이 요란스럽게 행차하는지 짐작할 수 있다.

　　다산 정약용이 쓴《목민심서》는 고을 수령이 처음 부임할 때 어떤 마음가짐이어야 하는지 일러준다. '안릉신영도'와는 반대 모습이다.

　　부임하는 길에서는 오직 장엄하고 온화하며 과묵하기를 마치 말 못 하는 사람처럼 해야 한다. 행차는 반드시 일찍 출발하고, 저녁에 일찍 쉬도록 할 것이다. 동이 트기 전에 말에 오르고, 해가 미처 지지 않았을 때 말에서 내리는 것이 좋다.

　　우리나라 풍속은 떠들썩한 것을 좋아하여 하인들이 벼슬아치를 옹위하고 잡된 소리를 어지럽게 내서 백성이 바라보기에 엄숙하고 장중한 기상이 없다. 무릇 근엄하고 생각이 깊은 사람은 틀림없이 이런 소리를 좋아하지 않을 것이다. 수령 된 자는 비록 말 위에 앉아가더라도 지혜를 쓰고 정신을 가다듬어 백성에게 편리한 정사를 펼 것을 생각해야 한다. 그렇지 않고 한결같이 들뜨기만 하면 어떻게 침착하고 주밀한 생각이 나올 수 있겠는가.

이 글과 최승호 시인의 시 〈꿩 발자국〉을 비교해보면 재미있다. 꿩은 '발자국을 남기기 위해／ 눈밭을 걸어 다니지는 않았을 것', '발자국 찍기에 몰두한 것도 아니'라는 시구에서 우리는 무엇을 깨달을 수 있을까?

발자국을 남기기 위해
꿩이 눈밭을 걸어 다니지는 않았을 것이다.
그리고
뚜렷한 족적(足跡)을 위해 어깨에 힘을 주면서
발자국 찍기에 몰두한 것도 아니리라.
꿩조차 제 흔적을 넘어서 날아간다.
저자의 죽음이란 흔적들로부터의 날아오름이다.

－〈꿩 발자국〉, 최승호

안영은 제나라 명문가 출신으로 아버지 안약의 뒤를 이어 상대부 지위를 이어받았다. 그는 걸출한 재상으로 무려 57년 동안 제나라를 위해 충성을 다했다. 그렇게 오랫동안 재상으로 지내며 명성을 얻은 이유는 검소함과 겸손함 때문이다.

그는 30년을 오직 여우 가죽옷 한 벌만 입었고, 한 끼에 두 가지 이상의 고기반찬을 먹지 않았으며, 아내가 비단옷을 입지 못하도록 했다. 또한 충성은 다하였으나 군왕의 명령이 올바를 때만 시행하였고, 자신의 잘못을 고치기에 힘썼다. 안영과 마부에 얽힌 일화는 높은 자리에 있는 사람이 어떻게 처세를 해야 하는지 잘 말해준다.

안영에게 마부가 있었다. 그 마부는 안영이 외출할 때 사람들이 고개 숙여 예를 표하자 마치 자신이 안영이라도 된 양 매우 흐뭇해 하고 의기양양하였다. 이런 모습을 보고 마부의 아내가 한마디했다.

"안영은 키가 6척밖에 안 되고 나라의 재상 자리에서 많은 사람의 존경을 받으면서도 항상 겸손한 자세를 취하는데, 당신은 키가 8척이나 되면서 마부로 일하고도 우쭐대고 흡족해하니, 당신과는 창피하여 같이 살지 못하겠으니 헤어집시다."

이 말을 듣고 마부는 절제하고 겸손한 사람이 되었다. 변한 마부의 모습을 보고 이유를 알게 된 후 안영은 마부를 대부로 삼았다.

자리가 높이 올라갈수록 마음은 아래로 향한 사람

한나라 때 만석군(萬石君)인 석분(石奮)은 관리의 모범을 제대포 보여준 대표적인 사람이었다. 나아가 석분은 자신뿐 아니라 자식들까지 '어깨에 힘을 주면서 발자국 찍기에 몰두'하지 않았다.

한 고조가 동쪽으로 항우를 공격하기 위해서 하내군을 지나갈 때 15살 석분은 말단 관리로서 고조를 정성껏 섬겼다. 한번은 고조가 석분과 대화를 하는데, 공손하고 신중한 태도를 좋아하여 물었다.

"자네 집안에는 누가 사는가?"

석분이 대답했다.

"소신의 집안에는 단지 모친이 계시는데, 불행하게도 실명하셨습니다. 집안이 매우 가난합니다. 누이가 있는데 거문고에 능합니다."

고조가 말했다.

"너는 나를 따르겠느냐?"

"있는 힘을 다하여 정성껏 모시겠습니다."

이에 고조는 석분을 대신들의 문서를 전달하고, 알현을 주선하는 일을 관장하는 시종관에 임명하였다. 석분은 효문제에 이르러 공로가 쌓여 태중 대부로 승진하였다. 비록 학문을 익히지는 못했지만 공손하고 신중한 태도는 남들과 비교할 바가 아니었다. 문제 때는 태자 태부가 되었다. 경제가 즉위한 후 석분의 관직은 구경의 반열에 올랐는데, 매우 공손하고 신중하게 경제를 섬겼기 때문에 도리어 그를 꺼리어 제후의 승상으로 전근 보냈다.

석분의 장남은 석건이고, 그 밑으로 석갑, 석을, 석경이 있었는데, 모두 행실이 착하고 효성스러우며 삼가 신중하여 모두 관직이 2천 석 지위에 올랐다. 이에 경제는 말했다.

"석군과 네 아들은 모두 2천 석의 지위에 올랐으니, 신하로서 존귀와 총애가 가문에 다 모였구나."

그리고 경제는 바로 석분을 '만석군(萬石君)'으로 호칭했다. 경제 말년에 만석군은 상대부의 봉록을 받았지만, 늙음을 구실로 관직에서 물러나 고향으로 돌아갔는데, 나라의 중요한 명절에는 대신 자격으로 참가하였다. 이때 궁궐 문을 지날 경우 만석군은 반드시 수레에서 내려 서둘러 걸어 들어갔는데, 대로에서 황제 어가를 보면 반드시 예를 갖추어 경의를 표했다.

만석군은 자손이 하급 관리가 되어 집으로 돌아와 인사를 드릴 때에도 반드시 조정에 나갈 때 입는 예복을 입고 접견했으며, 함부로 이름을 부르지 않았다. 자손에게 과실이 있으면 직접 꾸짖지 않고, 한쪽 방에 조용히 앉아 밥상을 대해도 음식을 먹지 않았다. 이렇게 한 후에 여러 아들이 과실을 저지른 자를 서로 꾸짖고, 다시 가족 중에 연장자가 옷을 벗어 어깨를 드러내어 사죄하고(고대 중국에서 죄인이 사죄할 때는 한쪽 어깨를 벗고 사죄함), 잘못을 고치면 비로소 용서하고 받아들였다. 이미 성년이 된 자손이 만석군 주변에 있을 때는 비록 편히 쉬고 있을지라도 반드시 의관을 갖추고, 단정하면서도 화순한 태도를 보였다. 하인들에게는 온화하고 즐거운 모습으로 대하면서도 특별히 신중히 행동했다.

황제가 때때로 음식을 집에 하사하면 반드시 머리를 조아리며 몸을 굽혀서 먹었는데, 공손한 태도가 마치 황제 면전에 있는 것과 같았다. 장례식에서 상제 노릇을 할 때는 매우 슬프게 애도했다. 자손들도 만석군의 가르침을 따라 역시 같이했다. 만석군 일가는 효도하고 근신함으로 각 군현과 제후국에 명성을 떨쳤다. 제나라, 노나라의 여러 유학자들도 만석군의 질박한 행실에 스스로 미치지 못한다고 여길 정도였다.

장남 석건이 늙어서 백발이 되었지만 만석군은 여전히 탈이 없이 잘 지냈다. 석건은 낭중령이 되었으나 닷새마다 하루 휴가를 얻어 집으로 돌아와 목욕하고, 부친의 안부를 살폈다. 부친이 쉬고 있는 침실 곁의 작은 방으로 들어가서 몰래 시종에게 물어 부친의 속옷과 요강을 꺼내어 몸소 깨끗하게 씻고 닦은 뒤에 다시 시종에 건네주면서 감히 만석군에게 알리지 못하게 했다.

석건은 낭중령이 되어서 황제에게 간언을 올릴 일이 있으면 남들을 물리치고 바로 하고 싶은 말을 다했는데 매우 간절했다. 그러나 조정에서 황제를 알현할 때면 말을 못하는 사람처럼 행동했다. 이 때문에 황제가 더욱 존경하여 예우해 주었다.

만석군이 능리로 거처를 옮긴 후 하루는 내사로 재직했던 석경이 술에 취한 후 돌아왔는데, 마을 외문을 들어와서도 수레에서 내리지 않았다. 만석군은 그 소식을 들은 후부터 식사를 하지 않았다. 석경은 두려워서 웃옷을 벗어 어깨를 드러낸 채 죄를 청했으나, 만석군은 여전히 용서하지 않았다. 그리하여 온 식구와 맏형인 석건이 대신 옷을 벗고 어깨를 드러내어 죄를 청하니, 그제야 비로소 만석군이 꾸짖으며 이렇게 말했다.

"내사는 존귀한 사람이니 마을로 들어오면 마을 안의 어른과 노인들도 모두 황급하게 달아나거나 회피한다. 그런데 내사가 수레 안에 앉아서 태연자약한 것이 참으로 마땅한 것인가!"

이후에 석경과 석씨 형제들은 마을 안으로 들어올 때면 모두 수레에서 내려 총총걸음으로 귀가했다.

예나 지금이나 벼슬을 하면 어깨에 힘이 들어간다. 권력을 과시하고 싶은 욕구가 생기고, 자기를 무시하는 자에게 본때를 보여주고 싶은 마음도 생긴다. 그리하여 부임 행렬부터 자신을 드러내 보이려고 한다. '안릉신영도'가 이를 잘 보여준다. 하지만 역사 속에는 안영 같은 사람도 있고 만석군 부자 같은 관리도 있었다. 또 범려 같은 사람도 있었다. 당신은 앞에서 범려와 문종에 관한 글을 읽었다. 구천왕이 권력을 회복하고 춘추시대 패자로 올라서자 범려는 홀연히 떠났다. 자신의 목표를 달성하고 난 후 열매를 양보하고 미련 없이 떠난 것이다. 문종은 남아 있다가 죽임을 당했다. 이사는 오형을 당하고 허리가 잘려 죽었다. 이런 일은 역사에서 수없이 반복된다. 욕심이 낳은 결과다.

3장

그대와 내가 숲이 되려면

따뜻한 말은 사람을 따뜻하게 하고요

말을 알아듣지 못하면

호박꽃이 아름답다고 말했다가

넌 나의 마음을 너의 색으로 바꿔버렸다

누구에게 기꺼이 연탄 한 장 되는 것

맨발로 길거리에 나섰다가 돌아오면

늘 음지에 서 있었던 것 같다

비는 모난 걸 보여준 적이 없으시다

그대와 나는 왜 숲이 아닌가

따뜻한 말은
사람을 따뜻하게 하고요

10년도 더 된 이야기다. 그때 아내는 백화점 문화센터에서 요리를 배웠다. 얼마간 열심히 다니더니 시어머니께 맛있는 음식을 해드리고 싶다며 정성껏 만들어 바리바리 싸서 어머니를 찾아뵈었다. 며느리가 그 정도 성의를 보이면 보통 "참 맛있다. 바쁠 텐데, 언제 이런 걸 언제 다 준비했니? 고맙다"라고 말할 것이다.

그런데 어머니는 전혀 예상치 못한 말씀을 하셨다. 며느리 수고를 칭찬하기는커녕 "애, 너는 네 신랑 옷을 왜 저렇게 입혔니?"라고 하셨다. 깔끔하고 멋 부리기 좋아하시는 어머니를 뵈러 가며 너무 편한 옷을 입고간 게 실수였다. 그렇더라도 옷을 내가 입지 누가 입혀주는 것이 아닌데, 어머니는 괜히 며느리 탓을 했다. 집에 돌아오는 길에 차 안에서 내가 얼마나 시달렸을지 알 것이다. 그 후 오랫동안 며느리 반찬은 없었다.

말은 얼마나 힘이 셀까? '따뜻한 말은 사람을 따뜻하게 하고', '따뜻한 마음은 세상까지 따뜻하게 한다'는데 사실일까? "가는 말이 고와야 오는 말이 곱다", "말 한마디에 천 냥 빚도 갚는다", "말이 씨가 된다"와 같은 속담은 모두 말이 지닌 힘을 나타낸 것이다.

세상에는 따뜻한 말만 있는 게 아니다. 그렇다 보니 말 때문에 폭력이나 살인 같은 강력 사건이 끊임없이 일어난다. 혹시 '여의도 칼부림' 사건을 기억하는가. 서울 도심 한복판에서 언어폭력에 시달렸던 사람이 앙심을 품고 옛 직장동료인 여성 2명과 남성 2명을 여러 차례 칼로 찌른 끔찍한 사건이었다.

가정 내 폭언도 심각한 불화를 낳는다. 한 연예인 부부가 이혼 사유를 공개한 적이 있다. 원인은 언어폭력이었다. 이들 부부 문제를 다룬 모 방송에서 부인은 남편이 화가 나면 절제하기 힘든 분노조절 장애가 있다며 언어폭력이 심하다고 밝혔다. 언어폭력과 폭행은 적지 않은 이혼 사유다.

언어폭력 문제는 학교에서도 심각하다. 언어폭력에 시달린 학생의 자살 사건이 끊이지 않고 있다. 2022년 교육부가 발표한 학교폭력 실태조사 발표에 따르면, 피해유형별 응답 비중은 언어폭력(41.8%), 신체폭력(14.6%), 집단따돌림(13.3%) 순이었다. 모든 학교급에서 '언어폭력' 비중이 가장 높게 나타났다.

정일근 시인은 〈신문지 밥상〉에서 '따뜻한 말은 사람을 따뜻하게' 한다고 썼다. 다른 사람도 아니고 초등학교도 못 나온 어른의 말씀 철학이 이렇다는 것이다.

더러 신문지 깔고 밥 먹을 때가 있는데요
어머니, 우리 어머니 꼭 밥상 펴라 말씀하시는데요
저는 신문지가 무슨 밥상이냐며 구시렁구시렁 하는데요
신문질 신문지로 깔면 신문지 깔고 밥 먹고요

신문질 밥상으로 펴면 밥상 차려 밥 먹는다고요

따뜻한 말은 사람을 따뜻하게 하고요

따뜻한 마음은 세상까지 따뜻하게 한다고요

어머니 또 한 말씀 가르쳐 주시는데요

해방 후 소학교 2학년이 최종학력이신

어머니, 우리 어머니 말씀 철학

—〈신문지 밥상〉, 정일근

전국시대 진(晉)나라는 지·위·조·한 씨 같은 몇몇 귀족 세력이 왕실 권력을 능가했다. 이중 지 씨 가문 세력이 가장 컸다. 결론부터 말하면 지 씨 가문은 멸망하고 진나라는 위·조·한 세 나라로 갈라진다. 지 씨 가문의 멸망에는 후계자를 잘못 정한 이유도 있었다. 물론 후계자로 낙점받은 지백요가 결코 능력이 떨어지는 인사는 아니었다. 틀림없이 능력 있는 후계자였다.

그렇다면 리더에게 능력이란 무엇일까? 리더는 혼자 좋은 성과를 낼 뿐만 아니라 다른 사람과도 함께 성과를 낼 줄 알아야 한다. 혼자서는 좋은 성과를 내지만, 조직원과 함께 하는 일에서 부진한 성과를 낸다면 능력 있는 리더가 아니다. 리더가 사람 귀한 줄 모르고 모욕적인 말을 함부로 한다면, 좋은 성과를 기대하기 더더욱 어렵다. 좋은 인재가 아니라는 말이다. 지백요가 그랬다. 그 내막을 자세히 살펴보자.

지 씨 가문의 장자 지선자(知宣子)는 후계자로 아들 요를 마음에 두고 여기저기에 의견을 물었다. 지백요는 여러 면에서 다른 사람을 앞지르는 호걸이었다. 그러나 일족인 지과(知果)에게 물어보니 기대와 다른 대답이 돌아왔다.

"제 생각에는 차라리 소(宵, 지선자의 다른 아들)가 나을 듯합니다."

지선자가 대답했다.

"소는 행동거지와 마음 씀씀이가 불순합니다."

지과가 대답했다.

"소의 불순함이야 얼굴에 드러나는 것이지만, 요의 불순함은 마음 속에 있습니다. 마음이 불순하면 나라를 망치지만, 드러나는 불순함은 해가 되지 않습니다. 요가 남보다 나은 점이 다섯 가지가 있고, 남보다 못한 점이 하나 있습니다. 수염이 아름답고 몸집이 큰 것이 남보다 뛰어나고, 활을 쏘고 말을 몰고 힘을 쓰는 데도 남보다 뛰어나고, 여러 기예를 두루 익힌 것이 남보다 뛰어나고, 문장을 잘 짓고 언변이 유려한 것도 남보다 낫고, 굳세고 씩씩하며 과감한 점도 남보다 낫습니다."

이 정도면 후계자로 삼아도 되지 않을까? 그러나 지과의 눈에는 결정적인 결점이 보였다.

"그러나 요는 참으로 어진 마음이 없습니다. 자신의 다섯 가지 장점으로 남을 업신여기고 어질지 못한 행동을 한다면 누가 참아내겠습니까? 기어이 요를 후계자로 세우신다면, 우리 지 씨 가문은 멸망하고 말 것입니다."

지백요가 능력은 뛰어나나 사람을 대하는 태도에 문제가 있다는 지적이었다. 그러나 지선자는 마음을 바꾸지 않았다. 싸움터에서 힘과 용기보다 더 중요한 것이 무엇이란 말인가. 앞으로 지 씨 가문은 무한 경쟁에서 살아남아야 한다는 생각에 지선자는 뛰어난 외모와 재능을 가진 요를 차마 버리지 못하고 후계자로 삼았다.

지과는 자신의 말이 먹히지 않자 지 씨에서 보(輔) 씨로 성을 바꾸어 버렸다. 지백요가 지 씨 가문을 파탄 낼 것으로 예상했기 때문이었다. 지과의 지인지감이 대단하다. 지과의 우려는 현실이 되었다. 지백요의 안하무인 행동은 여타 거대 씨족들의 분노를 샀다. 특히 술자리에서 사람을 모욕하는 짓이 도를 넘었다. 그는 조간자에 이어 정경이되자 진(晉)나라의 이름으로 군대를 부렸다. 원정에서 돌아오는 길에 위 씨, 한 씨 가문의 종주들과 함께 잔치를 열었는데, 지백요는 마음놓고 한강자(韓康子)의 호(虎)와 그의 모신(謀臣) 단규(段規)를 모욕했다. 단규는 한호가 가장 믿는 지모가였다. 그러자 지 씨 가문의 사람이 지백요에게 충고했다.

"주군, 저들을 대비하지 않으면 반드시 난리가 닥칠 것입니다."

그러나 지백요는 코웃음을 쳤다.

"난리라면 장차 내가 일으킬 것이오. 내가 지금 난을 일으키지 않는데, 감히 누가 일으킨단 말이오."

그 말에 지 씨 가문 사람이 다시 말했다.

"그렇지 않습니다. 《주서(周書)》에 이런 말이 있습니다. '원망이란 꼭 큰일 때문에 생기는 것도 아니고 작은 곳에서만 생기는 것이 아니다'라고요. 대저 군자는 능히 작은 일에 신경을 썼기에 큰 우환을 막았습니다. 지금 주군께서 연회 한 번에 남의 군주 되는 사람과 신하를 한꺼번에 욕보이시고는 대비하지도 않으면서, '그들은 감히 난리를 일으키지 않을 것이다' 하시니 이래서는 안 되지 않습니까? 벌이나 개미 따위 벌레도 사람을 해할 수 있는데, 남의 군주 노릇하는 자와 신하라면 어떻겠습니까?"

하지만 지백요는 여전히 들은 체하지 않았다.

언어 폭력에 효과적으로 대응하는 방법

지백요와 반대되는 인물을 보자. 역시 진나라 거대 씨족인 조 씨 가문을 이끄는 조무휼 이야기다. 무휼의 아버지 조간자가 여러 아들을 불러 이야기를 나누어보니 무휼이 가장 현명했다. 간자가 여러 아들에게 말했다.

"내가 상산에 귀중한 부절을 감추어 놓았는데, 먼저 찾는 사람에게 상을 주겠다."

여러 아들이 상산으로 말을 달려 올라가 찾았으나 얻지 못했다. 무휼이 돌아와 말했다.

"벌써 부절을 찾았습니다. 상산 위에서 대나라를 보니, 대나라는 빼앗을 수 있겠습니다."

간자는 이에 무휼이 정말 현명하다는 사실을 알고, 태자 백로를 폐위하고 무휼을 태자로 삼았다.

조간자가 병이 들자 태자 무휼로 하여금 군대를 거느리고 정나라를 포위하게 했다. 정나라 원정에서 돌아오는 날, 지백요와 조무휼이 연회석에서 술을 마셨다. 그런데 지백이 술에 취하자 무휼에게 술을 뿌리며 두들겨 팼다. 실로 있을 수 없는 일이었다. 거대 씨족인 조 씨 가문 우두머리에게 손찌검을 하다니. 무휼의 여러 신하가 지백을 죽여야 한다고 간청하자 무휼이 말했다.

"군주께서 나를 태자로 삼으신 까닭은 내가 욕됨을 견딜 수 있는 사람이라고 생각하셨기 때문입니다."

그러나 조무휼도 지백을 골칫거리로 생각했다. 지백이 돌아와서는 이 일을 간자에게 말하고 무휼을 폐위토록 하였으나 간자는 듣지 않았다. 무휼은 이 일로 말미암아 지백에게 원망을 품게 되었다. 지모와 충동 조절 능력을 갖춘 조무휼은 나중에 지 씨 가문을 멸하고 전국시대에 강력한 국가 모습을 갖추게 되었다.

《하버드 100년 전통 말하기 수업》을 보면 언어폭력에 대응하는 유용한 방법이 나온다. 하버드대학의 버너스 루비 교수는 세상에 두 가지 종류의 언어폭력이 있다고 말했다.

1. 폭력으로 수식된 언어를 사용한다. 나쁜 말을 하지 않고 평온한 말투를 사용하지만 듣는 사람은 천 개의 비수가 꽂히는 느낌이 든다.
2. 입을 여는 것 자체가 폭력을 사용하는 것이다. 상대방은 이미 모든 결론을 내렸고, 말하는 것은 그저 당신을 모욕하기 위해서다. 당신이 그 말에 어떤 대답을 하는 것은 그저 스스로 모욕을 찾아 듣는 꼴이다.

다른 사람이 악담을 퍼부었을 때 우리가 가장 먼저 하는 행동은 자신을 보호하는 것이다. "당신이 어떻게 나에게 그렇게 말할 수 있죠?", "저는 당신이 그렇게 말하는 것이 싫어요!", "저한테 소리치지 마세요!” 등이 그것이다. 이런 말에는 모두 같은 특징이 있다. 이 불쾌한 일을 철저하게 자신의 문제로 만든다는 점이다.

왜 다른 사람이 자신의 감정을 통제하게 하는가? 당신이 화가 난다는 것은 자신의 현재 상태를 통제할 권리를 순순히 다른 사람에게 넘겨준다는 뜻이다. 자신을 통제할 능력이 있어야 다른 부분의 능력을 키우는 것도 가능하다. 따라서 당신은 '자신을 통제하는 것'부터 시작해야 한다.

자기를 보호하려는 충동을 억제하라. 상대방이 언어폭력을 저지르고 있다면 중점을 상대방에게 옮겨야 한다. “당신은 오늘 기분이 별로 좋지 않은가 보네요. 무슨 일이 있나요?” 하고 질문하면 된다. “내 잘못도 아닌데 나한테 뭐라고 하지 마!” 하고 말하는 대신 “이 일 때문에 네가 화가 많이 났구나”처럼 말하면 된다.

이런 대화 방식의 핵심은 상대방의 일을 내 일로 받아들이지 않는 데 있다. 상대방이 언어폭력을 한 일은 상대방 생활에 문제가 발생했기 때문이지 당신 때문이 아니다. 일단 당신이 '나'라는 단어를 사용하면, 두 사람 간의 심리는 급격하게 변한다. 그 일이 당신과 상대방 사이에 있게 된다. 하지만 '너'라는 단어를 사용하면 언어폭력이 발생한 이유를 상대방에게 남겨둘 수 있다. 상대방 혼자만의 문제가 된다. 상대방은 어쩔 수 없이 자신의 행동을 당신에게 설명해야만 한다.

또한 그렇게 하면 당신은 어떤 방식으로든 자기 보호를 하지 않았기 때문에 언어폭력으로 상처를 받지 않게 된다. 당신이 상대 문제를 받아들이지 않으면 그것은 당신 문제가 아니기 때문이다.

자기 힘을 과시하는 사람에게 덤비지 마라. 언어폭력이 빈번하게 일어난다면 당신은 상대방에게 그런 행동이 참을 수 없을 정도로 나쁘다는 사실을 알게 해야 한다. 먼저 상대방이 자신의 행동을 인식하게 하고, 당신이 이를 용납할 수 없다는 사실을 알려보자. 상대방이 당신에게 언어폭력을 가하는 것은 자신에게 어떤 권리가 있다는 사실을 느끼기 때문이다.

당신의 신변이 걱정된다면 "권위도 있고, 권리도 있다"는 사실에 동의해주고, 상대방의 화를 해소해주는 것이 좋다. "음, 당신이 옳아요. 제가 틀렸어요" 하고 말해주자. 이 말로 욕설을 멈추고 나면 당신은 그곳을 떠날 것인지, 아니면 기다렸다가 다시 대화할 것인지 선택하면 된다. 이런 소통 방식은 이해받고 중요한 존재로 대우받고 싶어하는 사람의 요구에 부응하는 방법이라 매우 효과적이다. 언어폭력을 언어폭력으로 반격하지 않는다면 소통은 더욱 순조로워진다. '따뜻한 말은 사람을 따뜻하게 하고', '따뜻한 마음은 세상까지 따뜻하게' 만들기 때문이다.

말을
알아듣지 못하면

　대학을 들어가니 전국 곳곳 출신들이 동기가 되었다. 부산, 진주, 목포, 대전 등. 부산 출신 친구는 사투리가 특히 심했다. 알아듣지 못해 종종 감으로 추측하기도 했다. 강원도에서 전라도로 팔려간 소도 그랬을 것이다. 강원도 사투리로 말을 배운 소에게 전라도 사투리는 완전 외국어나 다름없을 터였다. 박성우 시인의 〈누가 더 깝깝허가이〉는 이런 모습을 아주 재밌게 표현해 놓았다.

　　강원도 산골 어디서 어지간히 부렸다던 일소를
　　철산양반이 단단히 값을 쳐주고 사왔다
　　한데 사달이 났다 워워 핫다매 워워랑께
　　내나 같은 말일 것 같은데
　　일소가 아랫녘 말을 통 알아듣지 못한다
　　호미 어찌야쓰까이, 일소는 일소대로 깝깝하고
　　철산양반은 철산양반대로 속이 터진다
　　일소를 판 원주인에게 전화를 넣어봐도
　　돌아오는 대답은 저번참과 똑같단다

그 소, 날래 일 잘햇드래요

─〈누가 더 깝깝허가이〉, 박성우

방은진 감독, 전도연 주연의 영화 '집으로 가는 길'이 생각난다. 아무것도 모른 채 마약을 운반해 프랑스에서 체포된 주인공이 겪은 억울한 사연을 다룬 영화다. 주인공은 말이 통하지 않는 나라에서, 아무도 자기 말을 믿어주지 않는 현실에 얼마나 갑갑했을까?

사용하는 말이 달라 의사소통이 안 된다면 물론 이해할 수가 있다. 문제는 같은 말을 쓰는데도 통하지 않는 경우다. 벽창호 같은 사람 말이다. 자기만 옳다고 믿기 때문에 무슨 말을 해도 듣지 않는다. 이런 일은 지적 겸손성이 낮은 사람에게 많이 나타나는데, 자기만 옳고 다른 사람은 모두 잘못이라고 생각한다. 친구가 겪은 다음 일은 지적 겸손성이 매우 낮은 사람에 관한 이야기다.

한 친구가 퇴직 후 놀고 있을 수만은 없어 약국과 병원을 상대하는 의약품 도매회사에 영업직으로 취직했다. 경비나 청소보다는 덜 힘들고 깨끗한 일이라 급여는 적어도 일하기로 했다. 사장이 나이가 어려도 "형님, 형님" 하며 대우해 줘서 친구는 한동안 내 일처럼 열심히 일했다. 사람은 오래 겪어 봐야 안다던가. 사장은 분노조절 장애가 있는지 걸핏하면 화를 내서 직원들이 모두 두려워했다. 지적을 받아 해명하면 말대꾸한다고 어린아이 다루듯 하고, 신입 직원이 모르는 것이 있어 질문하면 생각 없이 물어본다며 핀잔을 주었다. 실적이 떨어지면 인격 모독까지 하여 직원이 20여 명인데 1년에 10여 명씩 얼굴이 바꿨었다고 한다.

사장은 모든 직원에게 항상 살얼음판을 걷는 느낌이 들게 했다. 직원의 행동이나 말, 심지어 근무 태도에도 매우 비판적이었다. 직원은 사장에게 말하기 전에 한참을 망설여야 하고, 사장이 있으면 언제나 직원들은 긴장된 태도에 불안해했다. 사장과 함께 있을 때면 갑자기 사장 표정에 항상 주의를 기울였다. 심지어는 사장이 타는 흰색 승용차와 비슷한 것만 보아도 가슴이 두근거린다는 직원도 있었다.

이런 사장은 지적 겸손성이 매우 낮은 자기중심적인 사람이다. 자기가 틀렸다는 사실을 인정하지 않는다. 이런 사람과는 말이 통하지 않는다.

병원에서 일어난 일화 하나를 보자. 하버드 협상연구소에서 일하는 다니엘 샤피로(Daniel L. Shapiro)와 로저 피셔(Roger Fisher)가 쓴 《원하는 것이 있다면 감정을 흔들어라》에 나오는 이야기다.

한 중년 남성이 병원에 입원했다. 남성은 가슴 통증을 호소했다. 젊은 의사는 환자가 심장마비를 일으킬 위험성은 높지 않다고 판단했다. 남자는 일반 환자실에 입원해 심장박동 모니터를 부착했으며, 간호사가 밤새 모니터를 관찰했다. 아침에 젊은 의사가 병실에 와서 차트를 훑어본 후 몇 분 동안 환자와 대화를 나누었다. 간호사는 의사에게 이렇게 말했다.

"밤 12시 전후에 비정상적인 심장박동이 있었어요. 중환자실로 보내는 게 좋을 것 같아요."

그러자 의사가 말했다.

"환자는 오늘 아침 몸이 나아졌다고 느끼고 있습니다. 비정상적인 심장박동이 조금 있다 해서 중환자실로 보낼 이유는 없습니다."

"하지만 그냥 뇌두면……."

간호사의 말을 가로막고 다시 의사가 말했다.

"당신은 지금까지 얼마나 많은 환자의 심장 질환을 다뤘나요? 나는 저 환자를 진찰했고, 진단을 내렸습니다. 그러니 당신은 의료 기록이나 작성하도록 하세요."

간호사는 더는 아무 말도 하지 않았다. 의사에게 도움이 되지 않는 정보를 제공하는 일은 어리석은 행동이라 생각했다. 그리고 의사가 자신의 의견을 무시한 일에 분노를 느꼈다. 의사가 병실에서 나가자 간호사는 환자가 한밤중에 심한 흉통을 느꼈으며, 통증 때문에 팔까지 열이 뻗쳤다는 사실을 떠올렸다. 하지만 간호사는 그 사실을 말할 필요를 느끼지 못했다. 의사가 이미 마음을 굳혔기 때문이다. 그런데 몇 시간 후에 환자의 심장 기능이 멈췄다. 심폐소생팀이 병실에 도착하기까지는 10분이 걸렸다. 환자는 기적적으로 살아났지만, 생명 유지 장치에 의존하게 됐다.

소통이 사라지면 어떤 일이 벌어지는지 잘 보여주는 사례다. 이 상황에서 우리는 단지 소통만 문제가 있는 것이 아니라 겸손, 인정, 관용, 공감 등 다른 요소도 부족함을 알 수 있다. 의사와 간호사가 자신을 내려놓는 겸손만 있었더라도 환자를 이렇게 위험한 상황까지 끌고 가지는 않았을 것이다.

지적 겸손성이 높은 사람은 생각이 유연하다. 실수를 인정하는 태도를 보인다. 지적 겸손은 실수가 끝이 아니라는 사실을 알려준다. 다른 사람의 의견을 한 번쯤 생각하도록 하고, 자신에게 무슨 결점이 있는지, 단점이 있는지 생각하도록 해준다. 이런 사람은 앞으로 발전할 가능성이 높다. 자신의 부족을 채우기 위한 학습에 민첩하기 때문이다.

40만 명을 죽인 리더의 불통

조나라 군대가 장평 전투에서 진나라 백기 장군에 의해 40만 명이 생매장당한 일이 있었다. 이 참담함 뒤에는 남의 말을 듣지 않은 리더십이 있었다. 리더가 불통이면 어떤 결과를 초래하는지 똑똑히 보여준 사례가 아닐 수 없다.

조괄은 소년 시절부터 병법을 배워 군사에 관한 이야기를 잘하였다. 천하의 병법가로서는 자기를 당할 만한 사람이 없다고 자부하였다. 일찍이 아버지 조사와 병법을 토론하였을 때, 아버지도 아들 조괄을 당하지 못했다. 그러나 조사는 아들을 칭찬하지 않았다. 조괄의 어머니가 까닭을 묻자 조사는 이렇게 말하였다.

"전쟁이란 목숨을 거는 것이오. 그런데 괄은 그것을 가볍게 말하고 있소. 조나라가 괄을 장군에 임명하는 일이 없다면 다행이겠지만, 만일 그 애가 장군이 되는 날이면 틀림없이 조나라 군대를 망치고 말 것이오."

4월 진나라 장수 왕흘이 조나라를 공격했을 때, 조나라는 염파를 장수로 삼았다. 조나라 군사가 진나라의 척후병과 접전했다. 진나라 척후병이 조나라 비장 가(茄)를 죽였다. 6월에 조나라의 군영을 함락했는데, 두 개의 보루를 취하고 교위 넷을 사로잡았다. 7월에 조나라 군대는 보루를 쌓고 막았으나, 진나라는 다시 보루를 공격하여 교위 둘을 사로잡고 서쪽 보루를 취했다.

염파는 보루를 견고히 하고, 진나라를 기다렸다. 진나라가 여러 차례 싸움을 걸었으나, 조나라 군대는 나오지 않았다. 조왕이 여러 차례 나무랐다. 그러자 진나라 승상 응후는 사람들에게 천금을 가지고 조나라로 가서 "진나라가 싫어하는 것은 마복군(馬服君, 조사) 아들 조괄이 장수가 되는 것뿐이다. 염파는 상대하기 쉽고 또 항복할 것이다" 하고 이간질을 하게 했다.

조왕은 염파가 군사를 많이 잃고, 군대가 여러 차례 패했는데도 오히려 보루를 지킨 채 나가 싸우려 하지 않는 것에 화가 나 있었다. 여기에 진나라의 이간질을 듣고는 바로 염파를 해임하고 조괄을 장군으로 임명하여 진나라를 공격하게 했다.

조괄의 어머니는 조괄이 출발하기에 앞서 왕에게 글을 올렸다.

"조괄을 장군으로 삼아서는 안 됩니다."

왕이 이유를 묻자 이렇게 대답하였다.

"처음 제가 괄의 아비를 모셨을 때, 마침 괄의 아비는 장군으로 있었습니다. 장군은 직접 먹여 살리는 부하가 수십 명이나 되었고, 친구는 수백 명에 이르렀습니다. 대왕이나 왕족들에게서 하사받은 물품은 모조리 군리(軍吏)와 사대부들에게 나누어 주었습니다. 출정 명령을 받은 날부터는 집안일을 전혀 돌보지 않았습니다. 그런데 지금 괄은 하루아침에 장군이 되어 높은 자리에 앉게 되었으나, 군리 가운데 괄을 우러러보는 이가 한 사람도 없습니다. 대왕께서 내리신 돈과 비단은 집에다 저장하고, 이익이 될 만한 땅이나 집을 둘러보았다가 사들였습니다. 대왕께서는 조괄이 어찌 아비와 같으리라 생각하옵니까? 아비와 자식은 마음 쓰는 것부터가 다릅니다. 바라옵건대 대왕께서는 괄을 장군으로 보내지 말아 주십시오."

그러나 왕은 말을 듣지 않았다.

"어미는 더는 말을 말라. 나는 이미 결정을 하였노라."

그러자 조괄 어머니는 다시 이렇게 말하였다.

"대왕께서 굳이 그 아이를 보내신다면, 그 애가 소임을 다하지 못하더라도 저를 자식 죄에 연루하여 벌을 받지 않을 수 있겠습니까?"

왕은 승낙하였다.

진나라는 조괄이 장수가 되었다는 소식을 듣고는 몰래 무안군 백기를 상장군으로, 왕흘을 부장으로 삼았다. 그러고는 군중에 무안군이 상장군이 되었다는 사실을 입 밖에 내는 자는 목을 자르겠다는 명령을 내렸다.

조괄은 장군으로 임명되자 군령을 모조리 뜯어고치고 군리들을 전부 교체하였다. 군중에 도착한 조괄은 바로 출병하여 진나라의 군대를 공격했다. 진나라 군대는 일부러 패한 척 도망가면서 두 갈래로 기병을 숨겨 퇴로를 끊고자 했다. 조나라 군대가 승기를 몰아 진나라 보루까지 추격했다. 보루는 견고하여 뚫고 들어갈 수 없었다. 그러자 진나라 기병 2만 5천이 조나라 군대 퇴로를 끊고, 또 기병 5천이 조나라 보루 사이를 끊으니 조나라 군대는 둘로 나뉘고 식량 보급로가 끊겼다. 이어 진나라는 가벼운 경병을 내어 조나라를 공격했다. 전세가 불리해진 조나라는 보루를 쌓고 수비하면서 구원병을 기다렸다. 조나라의 식량 보급로가 끊겼다는 보고를 받은 진왕은 몸소 하내까지 와서 백성들의 작위를 한 등급씩 올리는 한편, 15세 이상을 모두 징발하여 장평으로 보내 조나라 구원병과 식량 보급로를 차단했다.

9월이 되자 46일 동안 밥을 먹지 못한 조나라 군사들은 몰래 서로를 죽여서 잡아먹는 지경에 이르렀다. 이에 진나라 보루를 공격하여 탈출하려고 부대를 넷으로 나누어 4, 5차례 공격했지만 탈출하지 못했다. 조나라 장군 조괄은 정예병을 뽑아 몸소 육박전을 벌였지만 진나라 군대는 활을 쏘아 조괄을 죽였다. 조괄의 군대는 패했고, 병사 40만은 무안군에게 투항했다. 무안군은 이렇게 생각했다.

'전에 진나라가 상당을 빼앗자 상당 사람들은 진나라를 달갑지 않게 생각하여 조나라로 귀순했다. 조나라 병사들도 왔다갔다할 것이니 다 죽이지 않으면 난을 일으키지 않겠는가.'

이에 속임수를 써서 그들을 모두 구덩이에 묻어 죽이고, 나이 어린 240명만 남겨 조나라로 돌려보냈다. 전후 목을 베거나 포로로 잡은 수가 45만 명이었다.

지적 겸손성이 낮은 조괄과 남의 말을 듣지 않은 임금 때문에 45만 명이 죽었다. 리더의 불통은 곧 조직의 붕괴, 회사의 몰락, 나라의 패망으로 이어진다. 조괄과 아버지 조사를 비교해 보면 그 원인을 분명히 알 수 있다.

조사는 장군이었을 때 직접 먹여 살리는 부하가 수십 명이나 되었고, 친구는 수백 명에 이르렀다. 대왕이나 왕족들에게서 하사받은 물품은 모조리 군리(軍吏)와 사대부들에게 나누어 주었고, 출정 명령을 받은 날부터는 집안일을 전혀 돌보지 않았다. 그런데 조괄은 부하들 가운데 그를 우러러보는 사람이 하나도 없었다. 왕이 내린 돈과 비단은 집에다 쌓아 놓고, 이익이 될 만한 땅이나 집은 매일 둘러보았다가 사들였다. 리더가 재물을 모아 부자가 되려는 데 관심이 많으니 어떻게 신뢰를 얻겠는가?

의사와 간호사 사이의 불통, 조사와 조왕의 불통이 어떤 결과를 초래하는지 보았다. 불통이 작게는 개인의 불행이 되고, 크게는 조직의 불행이 되었다. 당신과 당신 조직은 어떤가?

호박꽃이
아름답다고 말했다가

　소신껏 자기 생각을 말하는 게 옳은 일인지, 상대가 듣기 좋은 말만 하는 게 옳은 일인지 궁금할 때가 많다. 다른 사람의 마음을 다치게 할 수도 있는 말을 하기란 사실 쉽지 않다. 가령, 입냄새가 나는 친구에게 입냄새 난다고 말하거나 어울리지 않은 옷을 입은 사람에게 어울리지 않는다고 말하는 것이 대표적이다. 직장에서 상사에게 옳은 말을 하기는 더욱 어렵다. 포용력이 대단히 큰 사람이 아니라면 자신을 비판하거나 자기 의견에 반대하는 부하직원을 좋게 보지 않기 때문이다.

　최두석 시인은 젊은 시절 애인에게 호박꽃처럼 예쁘다고 말한 모양이다. 시인은 스스로 생각하기에 '진정으로 호박꽃이 아름답'다고 생각하여 소신껏 칭찬한 것이다. 문제는 '나중에 아내가 된 그 처녀는/ 긁힌 자존심에 바르르/몸을 떨었'다. 한마디로 실수를 한 것이다. 이런 일은 흔히 일어난다. 먼저 최두석의 시 〈호박꽃〉 전문을 조용히 감상해보자.

연애 시절 애인에게

호박꽃이 아름답다고 말했다가
파국을 맞을 뻔한 적이 있다
나중에 아내가 된 그 처녀는
긁힌 자존심에 바르르
몸을 떨었던 것이다
하지만 그땐 나에겐 진정으로
호박꽃이 아름답게 보였다
눈요기로 화초를 심지 않는
농민의 아들로서 호박나물과
호박떡을 먹고 자란 탓이라고
애써 변명하고 달래었지만
미묘한 정감의 속살을
어찌 말로 다 설명할 수 있으랴
먹고 사는 것도 좋지만
분위기도 좀 살려보자는
핀잔을 주고받으며
어언 이십 년을 함께 산 지금도
간혹 아내는 그때의 상처가 덧나고
여전히 나는 호박꽃이 아름답게 보인다
호박꽃 초롱을 들여다보노라면
흙담 위에서 누렇게 익어가는
호박이 어른거린다.

—⟨호박꽃⟩, 최두석

이야기를 개인사에서 정치와 권력으로 옮겨 보자. 막강한 권력을 손에 쥐고 있는 군주에게 신하가 〈호박꽃〉 같은 말을 하여 자존심을 건드렸을 때 벼슬을 잃으면 다행이다. 심한 경우 죽든지 귀양을 갈 수도 있다. 어떤 지적이나 반대까지 품을 수 있는 큰 그릇을 갖춘 군주는 그리 많지 않았다. 그래서 역사책을 보면 곧이곧대로 말했다가 목이 달아난 충신 이야기가 많다. 입안의 혀처럼 굴어 개인의 영달을 꾀한 간신도 많다. 충신이야 역사에 멋지게 이름을 남겨 영광이라고 하겠으나, 지혜롭지 못하다. 한나라 때 원앙 이야기를 들어보자.

원앙(袁盎)은 아무리 지위가 높은 사람이라도 사리에 맞지 않으면 소신껏 자기주장을 굽히지 않았다. 몇 가지 사례를 보자.

승상 강후 주발은 조회를 마치고 물러 나올 때 모습이 의기양양하였다. 황제는 그런 강후를 정중하게 대하였고, 심지어는 물러갈 때마다 손수 배웅하였다. 그러자 원앙이 황제에게 나아가 이렇게 말했다.
"폐하께서는 승상을 어떤 인물로 생각하십니까?"
"국가와 안위를 함께 하는 사직지신으로 알고 있소."
그러자 원앙이 이렇게 말하였다.
"강후는 사직지신이 아니라 공신에 불과합니다. 사직지신이란 군주와 존망을 같이 하는 것입니다. 그런데 강후는 여 씨 일족이 정권을 독점하던 여태후 때 태위로서 병권을 쥐고 있었습니다만, 여 씨들이 마구 왕에 책봉되어 마침내는 유 씨의 명맥마저 위태로웠는데도 이를 바로잡지 못하였습니다. 그러다 여태후가 돌아가신 것을 기회로 대신들이 일치단결해 여 씨 일족과 맞서자, 마침 병권을 쥐고 있던 관계로 우연히 공을 거두게 되었을 뿐입니다. 그러므로 공신이기는 하지만 사직지신은 아닙니다. 그런데도 승상은 교만한 태도를 보이고, 폐하께서는 겸손하게 그를 대하고 계십니다. 이는 군주와 신하가 다 예를 잃는 것이 됩니다. 따라서 폐하께서 취하실 바가 아닌 줄로 아옵니다.”

그 뒤로 황제는 조회 때마다 위엄을 보였고, 승상은 차츰 황제를 두려워하게 되었다. 어느 날 강후는 원앙을 보자 이렇게 꾸짖었다.

“나는 그대의 형과 친한 사이다. 그런데 그대가 조정에서 나를 헐뜯는단 말인가?”

그래도 원앙은 끝내 사과하지 않았다. 그 뒤 강후가 승상에서 물러나 자신의 봉국으로 돌아간 후, 어떤 자가 강후가 반역을 꾀한다고 밀고해왔다. 강후는 옥에 갇혔으나 종실과 대신들은 누구 하나 강후를 위해 변호해주는 사람이 없었다. 오직 원앙만이 강후의 무죄를 분명히 주장하고 나섰다. 강후가 무사히 풀려나는 데는 원앙의 노력이 컸다.

황제가 상림원에 가면서 황후와 신부인(愼夫人)을 동반하였을 때였다. 황후와 신부인은 궁중에서는 언제나 같은 줄에 자리하고 앉았기 때문에 여기서도 관리가 같은 줄에 자리를 폈다. 그러자 원앙은 신부인 자리를 뒷줄로 끌어내렸다. 신부인은 화가 나서 자리에 앉기를 거절하고, 황제 역시 기분이 언짢아 자리에서 일어나 궁중으로 돌아가 버렸다. 그러자 원앙은 즉시 내전으로 들어가 황제 앞으로 나아가 이렇게 설명하였다.

“제가 든건대 ‘존비 순서가 확립되어 있으면 상하가 화목하다’ 하였습니다. 지금 폐하께서는 이미 황후를 세우셨으니 신부인은 첩입니다. 첩과 정처가 같은 자리에 앉아야 하겠습니까? 이것은 높고 낮음의 분별을 잃는 것입니다. 폐하께서 그처럼 신부인을 사랑하시면 후하게 금품을 하사하실 일입니다. 지금 폐하께서 신부인을 위하는 일은 실상 신부인에게 화가 되는 일이 옵니다. 폐하께서는 설마 저 인체의 일을 모른다고 하지 않으시겠지요?"

이에 황제는 기뻐하며 신부인을 불러 그 까닭을 말하였다. 이에 신부인은 원왕에게 황금 50근을 내렸다.

사탕 한 알로 거위 구이 얻기

위의 두 가지 사례를 보았을 때, 원앙은 원칙주의자에 사리 분별이 정확하고, 공명정대한 사람임을 알 수 있다. 이런 사람은 자칫 주변 사람에게 원한을 살 수도 있다. 아무리 그릇이 큰 임금이라도 사사건건 따지고 드는 신하가 마냥 달갑지는 않았을 것이다. 원앙은 황제(경제)에게 몇 번씩 상소를 올렸으나, 한 번도 채택된 적이 없었다. 그는 결국 병으로 자리에서 물러난 뒤 서민들과 어울리면서 투계와 투견 놀이를 즐기면서 세월을 보냈다.

원앙이 벼슬을 내놓은 뒤에야 황제는 때때로 사신을 보내 정책에 관한 의견을 물었다. 아우인 양왕이 후손의 지위를 요구했을 때에도 경제는 원앙에게 의견을 물었다. 원앙이 반대하자 양왕의 요구는 흐지부지되고 말았다. 양왕은 이에 앙심을 품고 은밀히 자객을 보냈다. 자객이 관중으로 들어가 원앙을 탐색했다. 많은 사람이 모두 원앙을 칭찬하고 있었다. 자객은 원앙에게 만나기를 요청했다.

"저는 나리를 죽이기 위해 양왕에게 고용된 자입니다. 그러나 이제 그만두기로 했습니다. 나으리 같은 인물을 죽일 수가 없습니다. 하지만 제 뒤에도 자객이 10명 이상 기다리고 있습니다. 부디 몸조심하십시오."

그 뒤부터 원앙은 우울하게 지냈다. 자객 말을 뒷받침하듯, 잇달아 신변에 이상한 일들이 발생했다. 원앙은 점을 치기 위해 배생이라는 유명한 점쟁이를 찾아갔다가 돌아오는 길에 안능 성문 근처에서 뒤따라온 자객의 칼에 죽었다.

원앙의 인생 끝이 안타깝다. 원앙과 다산 정약용은 비슷한 데가 있다. 정약용은 젊은 시절 원칙주의자로, 불의와 타협하지 않았다. 정약용과 서영보 사이에 얽힌 악연을 따라가 보자. 다산은 33살 젊은 나이에 암행어사로 경기 북부지방을 감찰하게 되었다. 서용보의 친척이 꾀를 부려서 향교 터를 묘지로 삼기 위해 땅이 불길하다는 소문을 내고, 유림을 협박해 향교 명륜당을 헐고 옮기려 했다. 다산이 이 사실을 적발하고 곧바로 그자를 체포하여 처벌하였다. 당시 서영보는 경기도 관찰사였다. 다산은 서용보가 임금 행차를 핑계로 도로 보수비를 높게 책정하여 받아낸 사실을 적발하고, 임금에게 자세히 보고했다. 이런 일로 다산과 서용보는 불편한 관계가 되었다.

문제는 정조 사후에 일어났다. 정순대비와 순조의 신임이 두터웠던 서용보는 신유사옥 당시 우의정 신분으로 다산을 재판할 때 결정적인 역할을 하였다. 다산 3형제는 모두 체포되어 신문을 받았다. 정약종은 참수당하고, 정약전과 정약용은 유배를 당했다. 많은 대신이 두 형제를 석방하자고 하였으나, 서용보가 강력히 반대하여 유배령이 내려졌다.

또한 1803년에는 강진에서 유배생활하는 정약용을 풀어주라는 정순대비의 명이 있었으나, 서용보의 방해로 해배되지 못했다. 그 후 1810년 아들 학연이 나라에 억울함을 호소하여 다시 해배 명령이 내려졌으나, 홍명주와 이기경의 반대로 실현되지 못하였다. 1818년 서용보가 벼슬에서 물러난 후에야 다산은 비로소 고향으로 돌아갈 수 있었다. 1919년 겨울에 조정에서 다시 논의가 있어 다산을 등용하려 했으나, 이때도 서용보의 반대로 무산되었다.

원앙이나 정약용은 고지식하게 할 말을 다 하다 고통을 당했다. 그러면 어떻게 말을 해야 지혜로운 것일까? 말하는 지혜를 관중에게 배울 필요가 있다. 캐나다에서 활동하는 칼럼니스트 타오돤팡(陶短房)은 《어떻게 살아남을 것인가》에서 관중의 지혜를 이렇게 분석했다.

간언하는 최고의 방법은, 먼저 황제의 말을 따른 후 우회적인 방법으로 황제가 스스로 깨우치게 해 자신의 행동을 바로잡게 하는 것이다. 이것이 바로 '사탕 한 알로 거위 구이 얻기' 기술이다. 제 환공은 결점이 많은 사람이었다. 호색한에 사냥도 좋아했다. 환공 자신조차 이런 자신을 멋쩍어했을 정도다. 그러나 관중은 이런 환공에게 "그게 뭐 대수롭지 않습니다. 마음대로 하십시오" 하고 말했다. 하고 싶은 대로 사냥도 하고, 첩도 두고 싶은 만큼 맘껏 둬도 상관이 없다고 했다. 그러면서 '인재를 가려 발탁하고 역량을 발휘하도록 할 것이며, 알랑거리며 비위나 맞추는 조무래기들을 지도자 대열에 넣어 상황을 그르치지 않는다면'이라는 전제 조건을 걸었다.

사냥과 계집질은 '사탕 한 알'이요, 인재 등용과 대권은 '거위 구이'다. 관중은 우선 마음대로 할 수 있는 '사탕 한 알'로 제 환공을 달랜 후, 내친김에 간부의 임명 동의 권한 문제를 내걸어 이를 얻어냈다. 대수롭지 않은 일에는 맘껏 풀게 하고, 중요한 일에는 조건을 건 것이다.

상대방에게 불편한 말을 하는 이유는 망신을 주거나 화풀이를 하려는 것이 아니다. 중요한 목적을 상대방이 깨달아 생각과 행동을 바꾸려는 것이다. 그러므로 아무리 좋은 말이라도 감정을 상하게 해서는 말을 한 목적을 달성하지 못하고 오히려 관계를 서먹하게 하거나, 상대방이 권력자라면 화를 당할 뿐이다. 말하는 데에는 지혜가 필요하다.

넌 나의 마음을
너의 색으로 바꿔버렸다

진나라 문공이 원이라는 곳을 공격하기로 했을 때, 열흘분 식량을 준비하면서 대부들과는 열흘 안으로 함락하기로 기한을 정했다. 그러나 원에 이른 지 열흘이 지났지만 함락하지 못하자 문공은 종을 쳐서 병사를 물러나게 한 뒤 떠나려 했다. 그때 원나라 병사가 성에서 나와 이렇게 말했다.

"원은 사흘이면 함락됩니다."

주위에 있는 신하들이 간언했다.

"원은 식량이 떨어지고, 힘이 다했습니다. 주군께서는 잠시 기다리십시오."

그러자 문공이 말했다.

"나는 대부들과 열흘을 기한으로 정했는데, 함락하지 못했다고 해서 떠나지 않는다면 신의를 잃게 될 것이오. 나는 원을 얻으나 신의를 잃는 일은 하지 않겠소."

문공은 마침내 병사를 거두어 떠났다. 원나라 사람들은 이 소식을 듣고 말했다.

"그와 같이 신의가 있는 군주라면 항복하지 않을 수 있겠는가?"

그리고는 문공에게 항복했다.

이는 《한비자》에 나오는 이야기다. 진나라 문공의 처사는 고지식하기 이를 데 없다. 애초에 열흘 안에 전쟁을 마무리 짓기로 약속했어도 상황에 따라 며칠 더 걸릴 수도 있다. 문공은 융통성보다는 신의를 중히 여겼다. 권력을 가진 왕이지만, 신하들과 한 약속을 철저히 지킨 것이다.

약속에는 사소한 것이 없다. 약속을 제대로 지키지 않아 신뢰를 잃어버리면 그 사람은 어떤 말을 한다 해도 상대방을 설득할 수 없다. 그릇이 작은 자들은 약속과 이익이 상충할 때 약속을 저버려 신의를 잃는다. 신뢰는 물감과 같다. 서서히 다른 사람을 내 색으로 물들인다. 그런 의미에서 김정수 시인의 〈물감〉은 신뢰를 아주 잘 정의해 놓았다.

물통 속 번져가는 물감처럼
아주 서서히 아주 우아하게
넌 나의 마음을
너의 색으로 바꿔버렸다.
너의 색으로 변해버린 나는
다시는 무색으로 돌아갈 수 없었다.
넌 그렇게 나의 마음을
너의 색으로 바꿔버렸다.

—〈물감〉, 김정수

다른 사람에게 신뢰를 얻으면 신뢰가 물감이 되어 상대를 자기 색으로 물들일 수 있다. 물론 '아주 서서히' 물들기 때문에 조금은 답답할 수도 있다. 어쩌면 윽박지르고 강제하는 수단이 더 빨리 자기 말을 듣게 만드는 방법일지도 모른다. 그러나 그런 방법으로는 좋은 관계를 유지하기가 어렵다. 조금 더디더라도 신뢰는 '아주 우아하게' 상대를 설득하는 방법이다.

조나라 효성왕 원년, 진(秦)나라가 조나라를 정벌하여 성 세 개를 빼앗았다. 조나라 왕이 새로 즉위하고, 마침 태후(효성왕의 어머니)가 정권을 휘두를 때, 진나라가 조나라를 공격한 것이다. 태후가 제나라에 도움을 요청하자 제나라 왕이 말했다.

"반드시 장안군(태후가 총애하는 작은 아들)을 볼모로 삼아야만 구원병을 보내겠습니다."

태후가 받아들이려 하지 않자 대신들이 힘써 간언했다. 태후는 주위 사람들에게 단호하게 말했다.

"장안군을 볼모로 삼자는 말을 다시 하는 사람에게는 늙은 내가 반드시 얼굴에 침을 뱉고야 말겠다."

좌사 촉룡이 태후를 만나고 싶다고 하자 태후는 노여워하며 기다렸다. 촉룡이 궁에 들어와 잰걸음으로 다가와 앉더니 스스로 사죄하여 말했다.

"늙은 신하인 제가 발에 병이 있어 빨리 걷지 못하여 오래도록 만나 뵙지 못하였습니다. 제가 제 몸을 스스로 헤아려 보니, 태후 옥체도 불편하실까 두려워 태후 뵙기를 원하였습니다."

"나는 가마에 의지하여 다닐 뿐이오."

"식사하는 것을 줄이지 않으셨습니까?"

"죽에 의지하고 있을 뿐이오."

"저는 최근에 전혀 먹고 싶은 마음이 없어서 일부러 하루에 삼사리 정도를 걸어 조금씩 식욕을 돋우고 있는데, 이것이 몸에 편안한 것같습니다."

"나는 그렇게 하지 못하오."

태후의 굳은 안색이 조금 풀렸다.

"제 비천한 자식 서기가 나이가 가장 어리고 어리석습니다만, 신이 늙고 쇠하여 마음속으로 그를 가여워하고 있으니 원하건대 흑의(黑衣, 궁중 시위대가 입는 옷, 곧 궁중 시위대를 말함)의 결원을 보충하여 왕궁을 지키도록 해주시기를 무릅쓰고 아룁니다."

"알았소. 나이가 몇이오?"

"열다섯 살이 되었습니다. 비록 어리지만, 제가 죽어 구덩이로 들어가기 전에 그 아이를 당신께 의탁하고자 합니다."

"대장부도 어린 자식을 사랑하고 아끼는가?"

"부인들보다 심합니다."

태후가 웃으며 말했다.

"부인들은 유독 심하다오."

"제가 스스로 생각하기에 태후께서는 장안군보다 연후(연왕에게 시집간 조태후의 딸)를 훨씬 더 아끼시는 것 같습니다."

"당신이 틀렸소. 장안군 만큼 깊이 사랑하지는 않소."

촉룡이 말했다.

"부모가 자식을 사랑하려면 자식의 미래를 위하여 길게 보고 계획을 짜야 합니다. 태후께서 연후를 시집보내실 때 연후의 발뒤꿈치를 붙잡고 우셨는데, 그토록 멀리 가는 것을 생각하면 슬픈 일이지요. 이미 갔다 해도 그리워하지 않을 수 없으니 제사를 지낼 때 축원하여 말하기를 '반드시 연후로 하여금 되돌아오지 말게 하라'고 하실 것이니, 연후의 먼 미래를 위해 생각하시는 바는 연후 자손이 대를 이어 연나라 왕이 되기를 바라시는 게 아니겠습니까?"

"맞소."

"지금부터 삼대 이전에 조나라 군주 자손 가운데 후에 봉해진 자의 후계자 중에서 현재 자리에 있는 자가 있습니까?"

"없소."

"단지 조나라뿐 아니라 다른 제후들 자손 가운데 지금도 자리에 있는 자가 있습니까?"

"나는 듣지 못했소."

"이는 가까이 있는 화는 자신에게 미치고, 멀리 있는 화는 자손에게 미치기 때문입니다. 어찌 군주 자손으로서 후에 봉해진 자들 모두가 선하지 않겠습니까? 지위는 존귀하면서도 공은 없고, 녹봉은 후하면서도 공이 없습니다. 진귀한 보물만 몸에 많이 지니고 있기 때문입니다. 이제 태후께서 장안군 지위를 올려 주시고, 그에게 기름진 땅을 봉토로 주시며, 그에게 귀중한 보물을 많이 주셨으나, 지금 장안군이 나라를 위해서 공을 세우게 하지 않으신다면, 태후께서 하루아침에 돌아가시는 경우 장안군이 어떻게 스스로 지위와 재물을 보전할 수 있겠습니까? 저는 태후께서 장안군을 위한 계책이 짧다고 생각하여 장안군을 아끼는 마음이 연후만 못하다고 한 것입니다."

"알았소. 당신 뜻에 따라 그를 보내시오."

이에 장안군을 위해서 마차 100대를 약조하고, 제나라에 볼모로 보내니 제나라는 병사를 즉시 내주었다.

위는 촉룡이라는 신하가 고집을 부리는 태후를 설득한 장면이다. 촉룡이 태후를 어떻게 자신의 색으로 물들이는지 눈여겨봐야 한다. 촉룡은 다짜고짜 아들을 볼모로 보내야 한다고 주장하지 않았다. 먼저 태후의 건강과 안부를 묻고, 태후의 굳은 안색이 조금 풀리자 자식 이야기를 꺼내 자식을 사랑하는 마음은 남자나 여자나 같다며 태후의 마음에 공감했다. 그러고 나서 자식이 잘되기를 바라는 부모의 마음을 건드리고, 자식을 진정으로 사랑한다면 '미래를 위하여 길게 보고 계획'을 짜야 한다고 아뢰었다. 그런 다음 장안군을 위하는 길은 나라에 공을 세울 기회를 주는 것이며, 그래야 지위와 재산을 스스로 보전할 수 있다며 태후를 설득했다. 촉룡의 설득 과정은 무엇보다 공감의 승리라 할 수 있다. '물통 속 번져가는 물감처럼/아주 서서히 아주 우아하게' 촉룡은 태후의 마음을 자신의 '색으로 바꿔버렸다.'

이야기 하나를 더 보자. 다른 사람을 자신의 색으로 물들이려면 그를 위해 기꺼이 손해를 볼 줄 알아야 한다.

제나라 사람 풍훤(馮諼)은 집이 매우 가난해서 입에 풀칠하기도 어려웠다. 그래서 맹상군에게 사람을 보내 식객으로 들어가고 싶다고 청했다. 맹상군은 두말없이 받아들였다.

어느 날 맹상군은 풍환에게 설읍(薛邑)에 가서 빚을 받아 오라고 했다. 풍환이 길을 나설 때 맹상군에게 물었다.

"빚을 다 받으면 무엇을 사 올까요?"

그러자 맹상군이 답했다.

"우리 집에 무엇이 부족한가를 보고, 부족한 것을 사 오게."

설읍에 도착한 풍환은 빚을 진 사람을 모두 불러 모아 채무를 하나하나 대조했다. 그러고는 맹상군이 빚을 탕감해 주기로 했다고 선포하고, 사람들이 보는 데서 빚 문서를 불태워 버렸다. 백성이 맹상군에게 감사한 것은 두말할 나위가 없었다. 이튿날 풍환은 도성으로 돌아왔다. 맹상군은 풍환이 빨리 돌아오자 매우 놀라 이렇게 물었다.

"빚은 다 받아 왔는가?"

"네, 다 받았습니다."

"그럼 무엇을 사 왔는가?"

"분부대로 공자님 댁에 없는 것을 사 왔습니다. 소인이 보건대 공자님 댁에는 다른 것은 다 있는데, 오직 '의(義)'가 부족한 것 같아서 '의'를 사서 돌아왔습니다."

맹상군이 어리둥절한 표정을 짓자 풍환이 말을 보탰다.

"소인은 공자님 허락도 없이 사사로이 공자님 결정이라고 꾸며 그들 빚을 모두 탕감해 주었습니다. 빚 문서도 전부 다 태워 버렸습니다. 그러자 백성들은 하나같이 공자님 은덕을 잊지 않겠다고 소리쳤습니다. 이렇게 소인은 공자님에게 '의'를 사 왔습니다."

맹상군은 속으로는 몹시 언짢았지만, 겉으로는 아무 말도 하지 않았다. 일 년 후에 제나라 민왕이 맹상군의 직위를 파면하자 어쩔 수 없이 봉읍지인 설읍으로 내려가야 했다. 이 소식을 들은 설읍 백성들은 남녀노소 할 것 없이 백 리 밖까지 나와서 맹상군을 기다렸다. 이 광경에 맹상군은 크게 감동하여 풍훤을 돌아보며 말했다.

"오늘에서야 비로소 자네가 사 왔다는 '의'를 두 눈으로 보게 되었네."

다른 사람에게 영향력을 발휘하려면 먼저 신뢰를 얻어야 한다. 신뢰의 물감이 있어야 다른 사람을 나의 색으로 바꿀 수 있다. 진나라 문공은 다른 사람과 한 약속을 철저히 지킴으로서 신뢰를 얻었다. 촉룡은 공감으로 신뢰를 얻었고, 맹상군은 빚을 탕감해 주는 희생으로 신뢰의 물감을 얻었다. 자신의 이익을 위하여 쉽게 약속을 저버리거나 조금도 손해 보지 않으려는 태도로는 다른 사람의 마음을 결코 '너의 색으로' 바꿀 수 없다.

누구에게
기꺼이 연탄 한 장 되는 것

　해마다 날씨가 추워지기 전 아버지는 연탄을 사들였다. 겨우내 쓸 연탄이 집안에 가득 차면 쌀독이 찬 것만큼이나 뿌듯해 하셨다. 연탄으로 겨우내 밥을 하고 국을 끓이고 물을 데웠다. 연탄 덕에 뜨끈한 아랫목에 청국장을 띄우고, 따뜻한 밥이 식지 않도록 묻어둘 수 있었다. 그리고 연탄은 재가 되었다. 겨우내 언 땅이 녹아 골목길이 질척질척해지면 쌓아 놓은 연탄재를 깔았다. 연탄이야말로 뜨겁게 타올랐다가 흙으로 돌아가는 존재였다. 안도현 시인은 〈연탄 한 장〉이란 시에서 이렇게 물었다. "당신은 누구에게 연탄 한 장 되어본 적 있는가?"라고.

삶이란
나 아닌 그 누구에게
기꺼이 연탄 한 장 되는 것
방구들 선득선득해지는 날부터 이듬해 봄까지
조선팔도 거리에서 제일 아름다운 것은
연탄차가 부릉부릉
힘쓰며 언덕길 오르는 거라네

해야 할 일이 무엇인가를 알고 있다는 듯이

연탄은, 일단 제 몸에 불이 옮겨 붙었다 하면

하염없이 뜨거워지는 것

매일 따스한 밥과 국물 퍼 먹으면서도 몰랐네

온몸으로 사랑하고 나면

한 덩이 재로 쓸쓸하게 남는 게 두려워

여태껏 나는 그 누구에게

연탄 한 장도 되지 못하였네

─〈연탄 한 장〉, 안도현

복식은 하남 사람으로 농사와 목축을 업으로 삼았다. 부모가 세상을 떠났을 때 그에게는 어린 동생이 있었다. 동생이 성장하자 복식은 집을 나와 분가하면서 홀로 키우던 양 백 마리만 취하고, 전답과 재물을 모두 동생에게 주었다.

복식은 산에 들어가 십여 년 동안 방목하여 양을 천여 마리로 늘려서 그것으로 전답과 집을 샀다. 동생이 완전히 파산하자 복식은 동생에게 재산을 여러 차례에 걸쳐 나누어주었다. 당시는 마침 한나라가 흉노를 공격하던 때였다. 복식은 글을 올려서 자신이 소유한 재산 반을 조정에 바쳐 변방 작전에 보태라고 했다. 이에 황제는 사자를 보내 복식에게 이유를 물었다.

"관리가 되고 싶은가?"

복식이 대답했다.

"신은 소싯적부터 목축만 해서 관리가 되는 일에 익숙하지 않으니,

원하지 않습니다."

다시 사자가 물었다.

"집안이 억울한 일을 당해서 그 일을 고발하려는 것인가?"

복식이 부인하며 말했다.

"신은 평생 남과 분쟁한 적이 없고, 저는 고을의 가난한 사람에게 베풀어주었고, 착하지 않은 사람이 있으면 가르치고 순종시켜서 고을 사람 모두가 저를 따릅니다. 제가 어찌 남에게 억울한 일을 당하겠습니까? 저는 고발할 말이 없습니다."

사자가 또 물었다.

"진실로 그렇다면 그대는 어찌해 이렇게 많은 재산을 나라에 기부했는가?"

복식이 대답했다.

"제 소견으로 황제께서 흉노를 토벌하려면 현자는 마땅히 변방의 싸움터에서 죽음으로써 절개를 지켜야 하고, 재산이 있는 자들은 마땅히 조정에 헌납해야 흉노를 소멸할 수 있다고 봅니다."

사자는 복식의 말을 들은 그대로 황제에게 보고했다. 황제가 이 사실을 승상인 공손홍에게 이야기하니, 공손홍이 이렇게 말했다.

"이것은 인정에 맞지 않습니다. 법도를 지키지 않는 사람을 교화의 모범으로 삼아 법을 어지럽혀서는 아니 되니, 바라건대 폐하께서는 청을 허락하지 마십시오."

이에 황제는 오랫동안 복식의 상서에 회답하지 않다가, 몇 년이 지난 후 복식에게 그만 돌아가도록 했다. 복식은 예전처럼 농사를 짓고, 목축을 했다.

아무런 의도 없이 다 주는 연탄 같은 삶

한 해 남짓이 지난 후에도 한나라 군대는 수차례에 걸쳐 출정에 나섰다. 이에 흉노의 2인자 혼야왕(渾邪王)은 수만 명을 데리고 항복했다. 이들이 장안에 도착하자 크게 기뻐한 무제는 혼야왕에게 수십만의 거금과 일만 호를 식읍으로 주고, 탑음후로 봉해 주었다. 혼야왕의 투항으로 조정에서 쓰는 비용이 증가하여 창고가 텅 빌 정도였다. 다음 해에는 빈민들이 대량 이주해 모두 조정에만 의지하니, 빈민들을 다 구휼하지 못할 지경이 되었다. 이 무렵 복식은 20만 전을 하남 태수에게 주면서 이주민들을 위한 일에 보태게 하였다. 하남 태수가 빈민들을 도운 부자 명부를 상부에 올리니, 황제는 복식 이름을 보고 기억하며 이렇게 말했다.

"이 자는 본디 전에도 자기 재산 반을 변방 지키는 비용으로 헌납했다."

그러고는 곧 복식에게 변경을 지키는 요역에서 면제받을 권한을 주었다. 하지만 복식은 그 권한을 다시 조정에 전부 반납했다. 황제는 마침내 복식이 덕망이 높은 장자라고 여기고, 그를 높여서 백성들의 모범으로 삼고자 낭관(郎官)에 임명했다. 그러나 애초부터 복식은 낭관이 되는 것을 원하지 않았다. 그러자 황제가 이렇게 요구했다.

"짐의 양들도 상림원에 있는데, 당신이 짐을 대신하여 그것들을 키웠으면 좋겠소."

이에 복식은 바로 낭관의 직위를 받아들여 베옷과 짚신 차림으로 양을 키웠다. 1년 남짓 되자 양은 비대해지고, 또 왕성하게 번식했다.

황제가 지나는 길에 복식이 양을 돌보는 것을 보고 방법이 좋다고 칭찬했다.

그러자 복식이 아뢰었다.

"비단 양뿐만 아니라 백성들을 다스리는 이치 또한 이와 같습니다. 시간에 맞추어 규칙적으로 생활하도록 해야 합니다. 병든 양이 있으면 바로 제거하여 나머지 양들에게 전염되는 것을 방지해야 합니다."

황상은 복식이 뛰어난 인물이라고 여겨 구지현의 현령으로 발령 내어 시험했다. 구지현 사람들이 복식이 편하다고 하자, 다시 성고현 현령으로 승진시켜 조운까지 맡겼는데 가장 성적이 좋았다. 이에 황제는 복식을 성실하고 충성스러운 사람으로 여겨 그를 제왕(齊王)의 태부로 삼았다.

복식처럼 물려받은 재산 없이 자기 혼자 힘으로 집안을 일으키고 재산을 모은 사람은 인색한 경우가 많다. 아끼는 게 습관이 되어 자기 자신을 위한 일조차도 돈을 잘 쓰지 못한다. 하물며 이웃이나 나라를 위하여 큰돈을 내놓는 일은 결코 쉽지 않다. 가끔 어렵게 모은 재산을 장학금으로 기부했다는 뉴스를 접하지만, 얼마나 특별하면 뉴스가 되겠는가.

복식은 그렇게 큰돈을 내놓으면서도 대가를 바라지 않았다. 사진 찍기 바쁜 사람들과 비교하면 급이 다르다. 돈만 벌 줄 알지 세금 낼 줄 모르는 파렴치한 사람과는 차원이 전혀 달랐다. 복식은 '해야 할 일이 무엇인가를 알고 있다는 듯이' 누구에게나 따뜻한 연탄 같은 사람이었다.

조승(趙勝)은 조나라 혜문왕의 동생이다. 세 차례에 걸쳐 재상이 되었으며, 현명하고 붙임성이 있어 식객 3,000명을 먹여 살렸다. 조승은 평원에 봉하여졌으므로 '평원군'이라 불렸다.

BC 257년 진(秦)나라 군대가 조나라를 공격하였다. 초나라는 춘신군에게 군을 거느리고 조나라를 구원하게 했고, 위나라 신릉군도 조나라를 구하러 나섰다. 그러나 이들이 이르기도 전에 진나라는 조나라의 수도 한단을 포위했고, 한단이 위급해지자 조나라는 항복할 판이었다. 이러한 상황이 평원군은 몹시 걱정스러웠다.

그때 한단의 객사 관리인의 아들 이동(李同)이 평원군에게 물었다.

"군께서는 나라가 망하는 것이 걱정되지 않습니까?"

평원군은 답했다.

"나라가 망하면 나도 포로가 될 터인데 어찌 걱정되지 않겠는가."

그러자 이동은 이렇게 따졌다.

"한단의 백성들은 사람 뼈를 땔감으로 삼고 자식을 서로 바꾸어 먹고 있으니 정말 위급합니다. 그러나 군의 후궁은 100명이 넘고 비첩들은 비단옷에 쌀밥과 고기반찬을 남깁니다. 백성들은 거친 베옷도 갖추어 입지 못하고 술지게미와 쌀겨도 마다하지 않습니다. 백성은 곤궁하고 무기는 다 떨어져 나무를 깎아 창과 화살을 만듭니다. 그러나 군의 기물과 악기는 여전합니다. 진나라가 우리나라를 격파하면 군께서는 어디서 이런 것들을 얻을 수 있겠습니까? 나라가 안전하면 군께서는 이런 것들이 없다고 걱정할 필요가 없지 않겠습니까? 이제 군께서는 부인 이하 모두를 병사들 사이에 편입시켜서 일을 나누어서 하도록 하고, 집안 모든 것을 다 나누어 군대에 베푸십시오. 사람들은 위기와 고난에 처해 있을 때 더 쉽게 감사하게 됩니다."

이에 평원군은 이동의 말을 따르니 결사대 3천 명을 얻었다. 이동이 3천 명과 함께 진의 군대로 달려가니 진의 군대는 삼십 리를 퇴각했다. 마침 초와 위의 구원병이 이르니 진의 군대는 물러가고 한단이 보전되었다. 이동은 전투에서 사망했다.

이동은 연탄 한 장 같은 역할을 감당했다. '해야 할 일이 무엇인가를 알고 있다는 듯이' '하염없이 뜨거워지'다가 '한 덩이 재로 쓸쓸하게 남는' 존재가 된 것이다.

맨발로 길거리에 나섰다가
돌아오면

　동남아시아나 아프리카의 최빈국을 카메라에 담은 다큐멘터리를 볼 때가 있다. 여지없이 맨발로 다니는 사람들이 등장한다. 한국전쟁 이후 1950년대 우리나라 모습도 그랬으리라. 맨발은 가난이다. 약자다. 고단한 삶이다. 맨발은 시련을 견디며 살아가는 사람들의 상징이다. 세상 가장 낮은 곳에서 가장 큰 무게를 견디며 살아가는 사람이들다. 가족을 먹여 살리기 위해 온종일 허드렛일하고 '가난의 냄새가 벌벌벌벌 풍기는 움막 같은 집으로 돌아오'는 가장의 상징이다. 그러니 그 맨발은 애처롭고 측은하면서도 부처의 발처럼 성스러운 것이다. 문태준의 〈맨발〉을 읽으며 숙연해지는 이유다.

> 어물전 개조개 한 마리가 움막 같은 몸 바깥으로 맨발을 내밀어 보
> 이고 있다
> 죽은 부처가 슬피 우는 제자를 위해 관 밖으로 발을 내밀어 보이듯
> 이 맨발을 내밀어 보이고 있다
> 펄과 물속에 오래 담겨 있어 부르튼 맨발
> 내가 조문하듯 그 맨발을 건드리자 개조개는

최초의 궁리인 듯 가장 오래 하는 궁리인 듯 천천히 발을 거두어 갔다

저 속도로 시간도 길도 흘러왔을 것이다

누군가를 만나러 가고 또 헤어져서는 저렇게 천천히 돌아왔을 것이다

늘 맨발이었을 것이다

사랑을 잃고서는 새가 부리를 가슴에 묻고 밤을 견디듯이 맨발을

가슴에 묻고 슬픔을 견디었으리라

부르튼 맨발로 양식을 탁발하러 거리로 나왔을 것이다

맨발로 하루종일 길거리에 나섰다가

가난의 냄새가 벌벌벌벌 풍기는 움막 같은 집으로 돌아오면

아~ 하고 울던 것들이 배를 채워

저렇게 캄캄하게 울음도 멎었으리라

―〈맨발〉, 문태준

삶은 어쩌면 맨발 같은 것일지도 모르겠다. 맨발로 와서 맨발로 가는 인생, 맨발로 아등바등 살 필요가 있겠느냐 말하지만, 그것처럼 무책임한 말이 있을까. 맨발을 벗어나려고 열심히 사는 일은 성스럽다.

2020년부터 3년여 동안 코로나 팬데믹은 일자리에 많은 변화를 주었다. 밤업소에서 음악을 하는 친구가 있다. 정부 규제에 따라 업소가 문을 닫자, 처음에는 얼마 안 가겠지 하면서 넘어진 김에 쉬어 간다고 느긋하게 생각했다. 팬데믹 상황이 1년을 넘어가자 점차 은행 잔고가 줄어들어 할 수 없이 대리운전을 시작했다.

한번은 대리운전 예약이 있어서 버스를 타고 1시간을 넘게 갔는데 약속 시간 5분 전에 취소를 당했다. 허탈감과 분함이 엄청나게 컸다.

취소한 사람도 그럴 만한 사정이 있었겠지만, 사과 한마디 없는 것이 자신을 무시하는 것 같아 속상했다고 한다. 이럴 때 느끼는 초라함은 자존감을 송두리째 빼앗아 간다. 그 순간 친구는 '맨발을 가슴에 묻고 슬픔을 견디었'을 것이다.

나이를 먹고 다니던 직장에서 퇴직을 하면 재취업을 하려고 해도 좋은 일자리는 없고, 대부분 택배, 경비, 청소 같은 일자리밖에 없다. 젊었을 때는 몰라도 나이 들어 맨발은 더욱더 시리다. 물론 세상을 알 나이가 되어 웬만한 일은 이해하고 견딜 만큼 내공을 쌓았겠지만 슬픈 일이다. 맨발 같다는 말은 무시당한다는 뜻이다. 갑질에 취약하다는 의미다.

우리는 이 시에서 어떤 통찰을 얻을 수 있을까? 맨발의 처지가 되었을 때, 우리는 어떻게 처신해야 할까? 우리 주변에 맨발인 사람을 어떻게 대해야 할까? 맨발이 되었을 때의 처신 방법은 앞의 글들을 통해 여러 차례 지혜를 얻었다. 계포, 범저, 오자서, 이사, 소진이 모두 맨발 상태에서 부활했다. 그들의 이야기에서 인내와 기다림과 준비의 중요성을 배웠다. 그렇다면 맨발인 사람을 만났을 때는 어떻게 대해야 할까? 소진의 형수처럼 무시해야 할까, 아니면 엄중자처럼 사람을 귀하게 대해야 할까?

섭정은 지나라 심정 사람이었다. 사람을 죽이고, 원수를 피해 어머니, 누이와 제나라로 달아나 가축 잡는 일을 했다. 당시 복양 사람 엄중자는 한나라 애후를 섬겼는데, 한나라 재상 협루와 사이가 나빴다. 엄중자는 죽임을 당할까 두려워 몰래 달아나 여러 곳을 돌아다니며 자기 대신 협루에게 원수를 갚아줄 사람을 찾고 있었다. 제나라에 이르자 어떤 사람이 섭정이라는 용감한 사나이가 원수를 피해 백정들 사이에 숨어 산다고 말해주었다.

엄중자는 섭정의 집을 찾아가 사귀기를 청하고, 자주 오간 뒤 술자리를 마련하여 섭정의 어머니에게 직접 술잔을 올렸다. 술이 거나해지자 엄중자는 황금 백 일을 받쳐 들고 섭정의 어머니께 나아가 장수를 축원했다. 섭정은 너무 많은 예물에 놀라 극구 사양하며 받지 않았다. 엄중자가 억지로 주려고 하자 섭정은 사양하며 이렇게 말했다.

"저에게는 다행히 늙은 어머니가 계십니다. 집이 가난하고 타향을 떠돌며 개돼지 잡는 일을 하지만, 아침저녁으로 맛있고 부드러운 음식을 어머니께 봉양합니다. 어머니를 봉양할 음식은 직접 마련할 능력이 있으니 당신이 주는 것은 받지 않겠습니다."

엄중자는 사람을 물리친 뒤 섭정에게 말했다.

"내게는 원수가 있는데, 그 원수를 갚아 줄 사람을 찾아 제후들 나라를 두루 돌아다녔습니다. 제나라에 와서 당신의 의기가 매우 높다는 말을 듣고 황금 백 일을 드려 어머니의 음식 비용에 쓰시게 하여 서로 더욱 친하게 사귀자는 뜻이지 어찌 달리 바라는 게 있겠습니까!"

이에 섭정이 대답했다.

"제가 뜻을 굽히고 몸을 욕되게 하여 시장 바닥에서 백정 노릇을 하는 까닭은 오로지 늙으신 어머니를 봉양하기 위해서입니다. 어머니께서 살아 계시는 동안에는 제 몸을 다른 사람에게 감히 허락하지 못합니다."

엄중자가 아무리 권해도 섭정은 끝내 받지 않았다. 그래도 엄중자는 섭정에게 끝까지 빈객과 주인의 예를 다하고 떠났다.

맨발인 사람을 진심으로 대하는 마음

한참 뒤 섭정의 어머니가 죽었다. 장사를 치르고 상복을 벗은 뒤, 섭정은 결심했다.

'아, 나는 시장 바닥에서 칼을 두들기며 짐승 잡는 백정이고, 엄중 자는 제후의 대신이요 재상인데, 천 리 길도 멀다 않고 수레를 몰고 찾아와 나와 사귀었다. 내가 엄중자를 대한 것은 너무 빈약했고, 이렇다 할 만한 큰 공도 없었다. 엄중자는 황금 백 일로 어머니의 장수를 빌었는데, 내가 비록 받지 않았지만 이렇게까지 한 것은 오로지 나를 깊이 알아주었기 때문이다. 그처럼 어진 사람이 격분하여 원수를 쏘아보면서 나 같은 시골뜨기를 가까이하고 믿어주었으니, 내가 어찌 가만히 있을쏘냐! 또 전날 내가 필요하다고 하였으나, 나는 오로지 늙은 어머니가 계시다고 핑계를 대었다. 어머니는 이제 천수를 마치셨으니 나는 앞으로 나를 알아주는 사람을 위해 일하겠다.'

섭정이 서쪽 복양으로 가서 엄중자를 만나 말하기를, "전날 당신의 청을 허락하지 않은 까닭은 오로지 어머니가 살아 계셨기 때문입니다. 이제 불행히도 어머니는 천수를 다하셨습니다. 당신께서 원수를 갚으려는 이가 누구입니까? 제게 그 일을 맡겨 주십시오" 하였다. 엄중자가 자세하게 알려 말하기를, "나의 원수는 한나라 재상 협루요. 협루는 또 한나라 군주의 숙부이기 때문에 종족이 번성하여 많으며 거처의 경비가 매우 삼엄하오. 내가 사람을 시켜 찔러 죽이려 했지만, 끝내 성공하지 못했소. 지금 당신이 다행히 마다하지 않으니 당신에게 도움이 될 만한 수레와 말과 장사들을 보태 주겠소" 했다.

섭정이 말하기를, "한나라와 위나라는 서로 멀리 떨어져 있지 않습니다. 지금 그 나라 재상을 죽이려 하는데, 그 재상이 또 임금의 친족이라면 이러한 형세에서는 많은 사람을 써서는 안 됩니다. 사람이 많으면 득실이 생기지 아니할 수가 없고, 득실이 생기면 말이 새나가며, 말이 새나가면 한나라 전체가 당신을 원수로 여길 텐데 어찌 위태롭지 않겠습니까?" 하였다. 그래서 수레와 말과 사람들을 사양하고 섭정은 엄중자와 헤어져 홀로 떠났다. 칼을 차고 한나라에 이르렀는데, 한나라 재상 협루가 마침 관청 당상에 앉아 있었다. 무기를 들고 호위하는 자가 아주 많았다. 섭정이 곧바로 들어가 층계를 올라가서 협루를 찔러 죽이니, 좌우의 부하들이 크게 어지러웠다. 섭정이 크게 고함을 지르며 쳐죽인 사람이 수십 명이었다. 그런 뒤 섭정은 스스로 얼굴 가죽을 벗기고 눈을 도려내고 창자를 끄집어내어 마침내 죽었다.

한나라에서는 섭정의 시체를 거두어 시장 바닥에 드러내 놓고 그가 누구인지 물었으나 아는 사람이 없었다. 이에 한나라는 현상금을 내걸고 재상 협루를 죽인 자를 말하는 사람에게 천금을 주겠다고 했지만, 오래도록 아는 사람이 없었다. 섭정의 누나 섭영이 다른 사람에게 "어떤 사람이 한나라 재상을 찔러 죽였는데, 그 범인이 어디 사는 누구인지 모르며, 그 시체를 드러내 놓고 천금을 현상금으로 걸었다"는 말을 듣고 근심하면서 말하기를, "그가 내 동생인가? 아, 엄중자가 내 동생을 알아주었구나" 하고 곧바로 일어나 한나라로 가서 시장에 가니, 죽은 사람이 과연 섭정이었다. 섭영은 시체 위에 엎드려 매우 슬프게 울고 나서 말하기를, "이 사람은 지나라의 심정 마을에 살던 섭정입니다" 하니, 시장을 오가는 사람들이 모두 말하기를, "이 사람은 우리나라 재상을 죽였기 때문에 왕이 그 이름과 성을 알려고 천금의 현상금을 걸었소. 부인은 이 말을 듣지 못했소? 어찌 감히 와서 그를 안다고 하시오?" 하였다.

섭영이 대답했다.

"그 말은 들었습니다. 그러나 섭정이 오욕을 무릅쓰고 시장 바닥에 스스로 몸을 던져 백정이 된 것은 늙은 어머니가 다행히 병이 없고, 제가 시집을 가지 않았기 때문이었습니다. 어머니께서 천수를 누리시다 돌아가시고, 저도 이제 시집을 갔습니다. 엄중자가 인물됨을 살펴 알고는 제 동생이 곤궁하고 천한 중에도 들어올려 사귀었으니, 그 은택이 매우 두텁습니다. 어쩌겠습니까! 선비는 본디 자기를 알아주는 사람을 위해 죽는다고 합니다. 섭정은 제가 아직 살아 있기 때문에 자신의 모습을 훼손하여 저를 이 일에 연루되지 않게 한 것입니다. 제가 어찌 제게 닥친 죽음이 두려워 동생의 장한 이름을 없앨 수 있겠습니까?"

이에 한나라의 시장 사람들은 매우 놀랐다. 섭영은 이윽고 하늘을 우러러 크게 세 번 외치더니 몹시 슬퍼하다가 마침내 섭정의 옆에서 숨을 거두었다.

진나라와 초나라, 제나라와 위나라에서 이 소문을 듣고 모두 말하기를, "섭정만 훌륭한 게 아니라 누나도 장한 여인이다. 섭정의 누나가 참고 견디는 성격이 아니라서 시신이 버려지고 해골이 드러나는 고통을 두려워하지 않고 천 리 험한 길을 달려와 이름을 나란히 하여 남매가 함께 한나라 시장 바닥에서 죽음을 맞을 줄 섭정이 미리 알았더라면 감히 엄중자에게 자신을 바치지는 않았으리라. 엄중자도 인물을 알아보는 안목이 있어 용감한 선비를 얻었다고 할 수 있다"고 했다.

섭정은 맨발이었다. 엄중자는 맨발 상태의 섭정을 귀히 여겼다. 물론 개인의 욕심을 위하여 그리했다지만, 한 나라의 재상을 역임한 사람이 시장 바닥의 백정과 친구가 되기란 쉽지 않은 일이다. 아래 사람을 시켜 의중을 떠보는 방법도 있었을 것이다. 섭정은 자기를 알아주는 사람을 위해 목숨을 바쳤다. 맨발을 맨발로 보지 않은 결과다.

늘 음지에
서 있었던 것 같다

정치에 몸담은 후배가 있었다. 그렇다고 자신이 공직 선거에 출마한 적은 한 번도 없다. 20년가량 선거에 출마한 후보를 도왔는데, 도와준 사람은 정작 한 번도 당선을 못했다. 많은 사람이 당선을 위해 이 당 저 당으로 옮겨 다니고, 이 사람 저 사람 유력한 후보에게 선을 댈 때도 오직 한 사람만 위해 일했다. 후배는 신경림 시인처럼 '안타깝고 아쉬웠지만/나는 불행하다고 생각한 일이 없다'고 했다. 이유는 뭘까? 그냥 자신이 하고 싶은 일을 당당히 했기 때문이다.

양지에 서는 일은 모두 희망하는 일이고, 모양새 나는 일이다. 부귀도 따르고, 영화도 따르고, 일신이 편하다. 음지에 서는 일은 불편한 일이다. 용기가 필요하다. 자기희생 없이는 불가능하기 때문이다. 신경림 시인의 〈쓰러진 것들을 위하여〉 시구처럼, '그러면서 행복'하기가 어디 쉬운 일인가.

아무래도 나는 늘 음지에 서 있었던 것 같다
개선하는 씨름꾼을 따라가며 환호하는 대신
패배한 장사 편에 서서 주먹을 부르쥐었고

몇십만이 모이는 유세장을 마다하고
코흘리개만 모아놓은 초라한 후보 앞에서 갈채했다
그래서 나는 늘 슬프고 안타깝고 아쉬웠지만
나는 불행하다고 생각한 일이 없다
나는 그러면서 행복했고
사람 사는 게 다 그러려니 여겼다

쓰러진 것들의 조각난 꿈을 이어주는
큰 손이 있다고 결코 믿지 않으면서도

–〈쓰러진 것들을 위하여〉, 신경림

조나라 평원군을 보자. 평원군 조승(趙勝)에 관해서는 앞에서 이미 한차례 이야기했다. 평원군은 조나라 공자(公子)들 가운데 가장 똑똑했고, 빈객을 좋아하여 찾아온 빈객이 수천 명에 이르렀다. 평원군은 조나라 혜문왕과 효성왕에 걸쳐 재상을 지냈다. 평원군에 대한 이야기는 음지에 선다는 것이 결코 쉽지 않은 일이고, 어떤 희생이 따르는지 잘 보여준다.

평원군의 저택 누각은 민가를 내려다보는 곳에 있었는데, 한 민가에 허리가 굽고 다리를 저는 장애인이 살았다. 장애인은 불편한 몸으로 손수 물을 길어다 먹었다. 어느 날 평원군의 애첩이 그 모습이 우습다고 깔깔거리며 소리 내어 웃었다. 이튿날 장애인은 평원군의 저택으로 찾아와서 이렇게 말하였다.

"저는 공자께서 선비들을 아주 잘 대접하신다고 들었습니다. 또 선비들 역시 천 리를 멀다 여기지 않고 공자를 찾아오는 이유는, 공자께서 선비들을 소중히 여기고 첩을 하찮게 여긴다고 생각하기 때문입니다. 그런데 공자의 첩은 제가 다리를 절뚝거리고 곱사등인 것을 보고 비웃었습니다. 저를 비웃은 애첩의 목을 베어 주십시오."

평원군은 웃으며 대답하였다.

"알았소."

그러나 장애인이 물러가자 평원군은 이렇게 말하였다.

"이 녀석 좀 보게. 한 번 웃었다는 이유로 내 애첩을 죽이라니 너무 심하지 않은가?"

평원군은 끝내 애첩을 죽이지 않았다. 보통 이렇게 일을 처리할 것이다. 상식적으로 장애인 편에 서는 일은 일어나지 않는다. 그때부터 빈객들이 하나둘씩 떠나가더니 일 년이 채 못 되어 절반이 줄어들었다. 평원군이 그 까닭을 몰라 빈객들에게 물어보았다.

"내가 여러분을 대우하는 데 조금도 소홀함이 없다고 생각하는데, 떠나는 식객이 이렇게 많으니 어찌 된 일이오?"

그러자 그중 하나가 앞으로 나서며 대답하였다.

"공자께서 지난번 장애인을 비웃은 첩을 죽이지 않았기 때문에 여색을 좋아하고 선비쯤은 하찮게 여기는 분으로 생각해 모두 떠나는 겁니다."

그제야 평원군은 장애인을 비웃은 애첩의 목을 베어 들고 몸소 찾아가 사과하였다. 이 일이 세상에 알려지자 다시 빈객들이 모여들었다.

희생하지 않는 리더는 영향력을 발휘할 수 없다. 영향력 없는 리더는 리더십을 발휘하지 못한다. 왕의 아들로 태어나 나라의 재상을 지낸 지체 높은 사람이 애첩의 목을 들고 장애인을 찾아가서 사과했다는 사실에 주목하자. 평원군의 인물됨을 알 수 있는 대목이다. 다른 사람이라면 오히려 건방지다며 장애인의 목을 베었을 것이다. 평원군은 음지에 섬으로써 희생과 겸손으로 사람들에게서 신뢰를 회복할 수 있었다.

채우고 비우기 위해서 돈을 버는 사람

음지를 향하는 사람은 어떤 기분일까. 신경림은 '늘 슬프고 안타깝고 아쉬웠지만' 행복했다고 말한다. 평생 낮은 곳을 선택한 김장하 선생의 이야기를 따라가 보자.

경남 사천에서 태어난 김장하 선생은 한약방에서 머슴살이를 하다가 18살에 국가에서 시행한 한약사 자격시험에 합격했다. 미성년자 신분이라 한약방을 개원하지 못하다가 이듬해인 1963년 경남 사천에 처음 한약방을 열었다. 그리고 10년 뒤 경남 진주로 옮겨 '남성당한약방'을 50년간 운영하다 2022년 5월에 문을 닫았다.

다른 약국보다 싸면서도 좋은 약재를 써 효험이 좋은 약은 전국에 소문이 나서 첫차가 다닐 때부터 앞에 긴 줄이 섰다. 하도 많은 사람이 찾아와 마이크로 순서를 호명할 정도였고, 기다리는 사람이 많아 점심시간에는 빵을 나눠주기도 했다. 많을 때는 직원 스무 명과 매일 새벽까지 약을 지어 팔았다. 덕분에 큰돈을 벌었다. 전국 한약방 가운데 세금을 가장 많이 내기도 했는데, 이는 그만큼 성실 납세를 했다는 증거이기도 하다.

선생은 평소 "똥은 쌓아두면 구린내가 나지만, 흩뿌려 버리면 거름이 돼 꽃도 피우고 열매도 맺는다. 돈도 이와 같아서 주변에 나눠야 사회에 꽃이 핀다"는 생각으로 여러 시민사회단체에 지원을 아끼지 않았다. 주변에서 경남도문화상이나 진주시문화상, 경남교육대상을 추천하려고 해도 안 받는다고 하거나 '본인이 싫다는데 왜 하려느냐'며 극구 사양하였다. 주변 사람들은 선생을 '채우고 비우기 위해서 돈을 버는 사람'이라고 말한다. 처음 한약방을 열 때 옆집에 살던 이웃은 선생을 이렇게 기억한다.

"이 동네 사람들 다 김 약국 없으면 못 살았지. 돈 없을 때마다 금고처럼 갖다 썼으니까."

선생이 준 장학금으로 공부한 문형배 헌법재판소 재판관은 선생의 생일잔치에서 "받은 돈을 갚아야 한다고 생각하면 이 사회에 갚아라" 하고 말하던 선생을 회고하다 끝내 목이 메었다. 고등학교 시절 선생의 집에서 숙식하며 장학금으로 대학을 가 학생운동에 투신했던 조해정 부산대 교수는 "큰 지원을 받고도 공부는 안 하고 데모만 하여 죄송함을 피력하자 선생님은 '그것도 사회를 위해 기여하는 길이다'고 하시면서 존중해주셨다. 살면서 그런 지지를 받아본 적이 없다"며 눈물을 흘렸다.

문형배 헌법재판소 재판관과 조해정 부산대 교수에게 한 말을 보라. 당신이 그랬던 것처럼 다른 사람에게도 음지에 서기를 부탁한 사람, 음지에 서 있는 사람을 지지한 사람이다. '쓰러진 것들의 조각난 꿈을 이어주는' 큰 손은 정말 없는 것일까? 그럼 이들의 꿈은 어떻게 되는가? 김장하 선생은 큰 손이 없다고 생각하였기에 스스로 큰 손이 되기로 했는지도 모른다. 부족하지만 당신이라도 큰손이 되려고 했을 것이다.

공의휴(公儀休)는 노(魯)나라 박사였다. 공의휴는 뛰어난 재능과 학문을 인정받아 노나라 재상이 되었다. 법을 바로 지키고, 이치를 따르며, 함부로 고치는 일이 없었기 때문에 관청의 모든 일이 저절로 바르게 되었다. 공의휴가 음지에 서는 방법은 좀 남달랐다. 나라의 녹을 먹는 사람이 일반 백성과 이익을 놓고 다투는 일이 없도록 하였고, 많은 녹봉을 받는 사람이 사소한 것을 받는 일이 없도록 하였다.

어느 빈객이 공의휴에게 생선을 보내왔으나 받지 않자 어떤 사람이 물었다.

"재상께서 생선을 좋아하신다는 말을 듣고 보내온 것일 겁니다. 그런데 어찌하여 받지 않습니까?"

공의휴는 이렇게 대답하였다.

"생선을 좋아하기 때문에 받지 않는 것이오. 지금 나는 재상으로 있으니 내 돈으로 생선을 살 수 있소. 그런데 생선을 받고 벼슬에서 쫓겨나면 누가 내게 생선을 보내 주겠소? 이 때문에 받지 않는 것이오."

공의휴가 자기 집 채소밭에서 자라는 채소를 먹어 보았더니 맛이 대단히 좋았다. 그러자 채소밭 푸성귀를 모두 뽑아 버렸다. 또 자기 집에서 짜는 베가 좋은 것을 알게 되자, 당장 베 짜는 여자를 돌려보내고 베틀을 불태워 버린 다음 이렇게 말하였다.

"사서 입어야 할 사람이 사주지 않으면, 농사짓는 백성이나 베 짜는 여인들은 그들이 만든 것을 팔 수 없게 되지 않겠는가?"

쓰러진 것들을 위해 음지에 서기는커녕, 관리소장의 갑질을 견디지 못하고 아파트 경비원이 자살했다는 뉴스, 보육시설이나 장애인 시설의 폭력행위 뉴스, 대기업 회장이 운전기사를 폭행했다는 뉴스, 공무원이나 정치인이 부동산을 특혜 분양받았다는 뉴스, 법관이나 검사가 각종 편의를 봐주고 거액의 뇌물을 받았다는 뉴스가 하루가 멀다 하고 나온다. 그렇다 하더라도 세상이 살만한 이유는 선거에 매번 낙선하는 정치인을 돕는 후배와 같은 사람, 어렵고 가난하고 힘없는 사람 편에 서면서도 드러낼 생각이 없는 김장하 선생 같은 사람, 평원군처럼 사회적 약자 편에 서는 사람, 공의휴처럼 정직하고 청렴한 공무원이 아직은 더 많기 때문일 것이다. 이런 사람들이야말로 '쓰러진 것들의 조각난 꿈을 이어주는' 진정한 '큰 손'이다.

비는 모난 걸
보여준 적이 없으시다

　강자한테 약하고 약자한테 강한 사람이 있다. 대부분이 그럴 것이다. 강자한테 강하기는 어려운 일이기 때문이다. 또한 약자한테 강하기는 쉬워도 관대하기는 쉽지 않다. 강자한테 강하고 약자한테 관용을 베푼 사람 이야기가《사기》에는 제법 많다. 먼저 김수열 시인의 〈파문〉을 감상해보자.

　　하늘에서 내려오실 때
　　비는
　　잊지 않고
　　원만한 것들을 손수 가지고 오신다

　　이렇게 사는 거라고
　　사는 게 이런 거라고

　　지상의 못난 것들에게
　　비는

한 번도

모난 걸 보여준 적이 없으시다

-〈파문〉, 김수열

하늘에서 내리는 비처럼 '한 번도/모난 걸 보여준 적이 없'다면 혹시 사람들에게 바보 취급을 받지 않을까 하는 우려도 있다. 상선약수(上善若水)처럼 살기가 쉬운 일은 아니다.

앞에서 원앙의 인물됨을 살펴본 적이 있다. 원앙은 윗사람이나 권력 있는 자에게는 원칙주의자였으나, 자기보다 아랫사람은 관대하게 대했다. 양왕의 청탁을 받고 원앙을 죽이려는 자객이 한 말에서 원앙의 인품을 짐작할 수 있다. 원앙의 인품을 볼 수 있는 이야기를 하나 더 소개하겠다.

원앙이 태상으로 오나라에 사신으로 간 적이 있었다. 오나라 왕은 원앙을 장군으로 삼고자 하였으나, 말을 듣지 않자 죽여 없애려고 도위 한 사람에게 군사 500명을 거느리고 원앙을 감시하도록 하였다.

한편 이에 앞서 원앙이 오나라 재상으로 있을 무렵, 그의 속관 종사(從史) 한 사람이 원앙의 시녀와 밀통한 일이 있었다. 그때 원앙은 그 사실을 알고 있으면서도 아는 체하지 않고 전과 다름없이 대우해 주었다. 그런데 다른 사람이 종사에게 이 사실을 말하였다.

"재상께서 자네가 시녀와 밀통한 사실을 아신다네."

이 말을 듣자 종사는 고향으로 달아났다. 그것을 안 원앙은 직접 말을 달려 뒤쫓아 그를 데리고 돌아왔다. 그리고 자기 시녀를 그에게 보내주고, 종사를 전처럼 지내게 하였다.

원앙이 오나라에 사신으로 가서 포위되어 감시당하고 있을 때, 공교롭게도 교위사마(校尉司馬)가 된 종사가 원앙을 감시하게 되었다. 교위사마는 가진 옷가지와 물건을 몽땅 팔아 독한 술 두 섬을 샀다. 마침 날씨가 무척 춥고, 사졸들은 굶주리고 목말라 있었다. 그런 사정에 교위사마가 술을 내주자 사졸은 모두 취하도록 마시고 잠들었다. 밤이 깊어지자 사마는 원앙을 깨워 말하였다.

"어서 달아나십시오. 왕은 내일쯤 상공을 죽일 것입니다."

원앙은 이런 상황이 믿어지지 않아서 물었다.

"당신은 누구요?"

사마가 답했다.

"소인은 전에 종사로 있던 사람으로 상공의 시녀와 밀통한 자입니다."

원앙은 놀라며 거절하였다.

"그대는 양친이 살아 계시지 않은가? 나 때문에 그대에게 폐 끼칠 생각은 없네."

종사는 재촉하였다.

"상공께서는 달아나시기만 하면 됩니다. 저도 도망쳐 양친을 피신하도록 하면 될 텐데 무슨 걱정을 하십니까?"

사마는 칼로 군막을 찢어 벌리고 원앙을 인도하여 취해 잠든 사졸들 틈을 누비며 서남쪽 모퉁이를 빠져나온 다음, 서로 반대 방향으로 달아났다.

초나라에 부임한 원앙은 경제에게 몇 번씩 상소를 올렸으나 한 번도 채택된 적이 없었다. 그는 결국 병으로 자리에서 물러난 뒤 서민들과 어울리면서 투계와 투견 놀이를 즐기면서 세월을 보냈다. 어느 날 낙양의 협객인 극맹이 찾아왔다. 원앙은 그를 반갑게 맞이했다. 그를 보고 안릉의 어느 부자가 원앙을 비난했다.

"극맹이란 자는 투전꾼이지 않습니까? 재상을 지내신 분이 왜 투전꾼을 만나시는 겁니까?"

그 말에 원앙이 대답했다.

"극맹이 투전꾼임에는 틀림이 없다. 하지만 그의 어머니가 죽었을 때 장례에 참석한 조객 마차가 천 대를 넘었다. 그걸 보더라도 사람됨을 알 수가 있다. 인간이라면 누구나 어려울 때가 있는 법인데, 그런 때에 의지가 되어주는 사람이라면 뭇사람 중에서 계심(관중의 용맹한 협객)과 극맹이 있을 뿐이다. 그들은 어려울 때 부탁하면 절대 거절하지 않는다. 부모에게 불효를 저지른다거나, 있으면서도 없다고 하는 몰인정한 짓은 하지 않는다. 그대는 언제나 몇 명의 호위병들을 데리고 다니는데, 위급한 때에 그런 자들이 무슨 소용이 있겠는가?"

이길 수 있을 때 베풀고 져주는 관용

《여씨춘추》에는 평소 관용을 베풀어 위기의 순간에 도움을 받은 진목공(秦穆公)의 이야기가 나온다.

옛날에 진나라 목공이 수레를 몰다가 수레가 부서졌는데, 수레를 끌던 말 한 마리가 달아나자 어느 시골 사람이 잡아갔다. 목공이 몸소 말을 되찾으러 갔다가 시골 사람이 기산 남쪽 기슭에서 말을 잡아서 막 먹으려는 모습을 보고 탄식하여 말하였다.

"준마의 고기를 먹고서 빨리 술을 마시지 않으니, 나는 말고기가 그대의 몸을 상하게 하지나 않을까 걱정되오."

그리고는 빠짐없이 두루 술을 마시게 하고는 돌아갔다.

그로부터 일 년이 지나 한원에서 전투가 벌어졌는데, 진(晉)나라 군대가 이미 목공의 수레를 포위했고, 진량유미는 목공 왼쪽 곁말의 고삐를 이미 낚아챈 상태였다. 진나라 혜공(惠公) 거우(車右)인 노석(路石)이 창을 휘둘러 목공의 갑옷을 치니 갑옷에서 떨어져 나간 비늘이 이미 여섯 조각이나 되었다. 이때 기산 남쪽 기슭에서 말고기를 먹은 시골 사람을 비롯한 그의 족속 3백여 명이 목공을 위하여 그의 수레 아래서 힘껏 싸웠다. 마침내 무리가 진나라 군대를 이기고 혜공을 잡아서 돌아왔다.

이것이 바로 《시경》에서 말하는 "군자에게 임금 노릇을 하려면 올바르게 함으로써 덕을 행하고, 천한 사람에게 임금 노릇을 하려면 관대하게 함으로써 그들의 힘을 다하게 한다"는 것이다. 임금이 어찌 덕을 행하고 백성을 아끼는 데 힘쓰지 않을 수 있겠는가? 덕을 행하고 백성을 아끼면 백성들이 그들의 임금을 어버이로 여기고, 모두가 그들의 임금을 위하여 기꺼이 목숨을 바친다.

춘추시대 초나라 장왕이 투월초의 난을 평정한 뒤 공을 세운 신하들을 위로하기 위하여 성대하게 연회를 베풀고, 총희(寵姬)로 하여금 옆에서 시중을 들도록 하였다. 총희는 왕의 사랑과 귀여움을 독차지한 여인을 말한다. 밤이 되도록 주연을 즐기는데, 갑자기 바람이 불어 촛불이 모두 꺼져버렸다. 어둠 속에서 왕의 총희가 부르짖었다.

"지금 제 몸을 건드린 자가 있는데, 그자 갓끈을 잡아 뜯었으니 불을 켜면 누군지 알 수 있습니다" 하고 왕에게 고했다. 감히 임금의 여자를 성추행한 것이다. 범부라도 가만히 있지 않을 텐데 하물며 왕의 여자를 건드리다니, 발각되는 날에는 살아남기 힘든 일이었다. 그런데 장왕은 의외의 결정을 내렸다. 촛불을 켜지 못하도록 제지하고는 오히려 신하들에게 말하였다.

"오늘은 과인과 함께 마시는 날이니, 갓끈을 끊어버리지 않는 자는 이 자리를 즐기지 않는 것으로 알겠다."

이에 신하들이 모두 갓끈을 끊어버리고 여흥을 다한 뒤 연회를 마쳤다.

3년 뒤, 초나라가 진(晉)나라와 전쟁을 하였는데, 한 장수가 선봉에 나서 죽기를 무릅쓰고 분투한 덕에 승리하였다. 장왕이 장수를 불러 물었다.

"특별히 잘 대우해 준 것도 아닌데, 어찌하여 그토록 목숨을 아끼지 않고 싸웠느냐?"

"3년 전 연회 때 술에 취하여 죽을죄를 지었으나, 왕께서 범인을 찾아내지 않고 관대하게 용서해준 은혜를 갚은 것입니다."

절영지회((絶纓之會)라는 고사성어의 유래다.

관용은 유연성과 관계가 있다. 원칙과 법을 지키는 것도 중요한 문제지만, 유연성 있는 관용이 사람의 마음을 움직인다. 시녀와 밀통한 부하라면 엄하게 다스렸을 법도 한데, 원앙은 유연성을 발휘하여 용서했다. 왕의 말을 잡아먹은 경우는 어떠한가. 상상이나 할 수 있겠는가. 그러나 목공은 오히려 술을 사 먹이는 관용을 베풀었다. 유연한 태도는 감정적인 자극에 휩싸이지 않고, 이성적으로 대처하도록 해준다.

《역사에서 발견한 CEO 언어의 힘》에는 유연성이 돋보이는 간디 이야기가 나온다. 비폭력 저항운동을 시도하여 마침내 인도의 독립을 이끈 간디는 정치적 독립 못지않게 경제적 독립이 중요하다는 사실을 알았다. 그는 가는 곳마다 사람들에게 섬유 생산을 자급자족해야 한다고 강조하였다. 당시 인도는 대부분 영국에서 들어오는 면제품을 사용하고 있었는데, 간디는 이러한 경제적 종속이 계속되는 한 진정한 독립은 불가능하다고 보았다. 어느 날 간디가 면섬유의 자급자족을 강조하고 있는데, 청중 가운데 한 사람이 갑자기 소리를 질렀다.

"답답한 소리 그만 집어치우고 차라리 스스로 목이나 매시오!"

그러자 간디는 화를 내지 않고 침착하게 대답했다.

"그것도 괜찮은 생각입니다. 그러나 우선 우리가 목을 매는 데 필요한 끈을 생산한 다음에나 할 일이지요."

어떤가? 자신을 비난하는 소리에 화를 낼 법한 상황에서도 유머로 받아치는 간디의 유연성이 부럽다.

그대와 나는
왜 숲이 아닌가

　1970년대까지만 해도 정월 대보름에 밥을 훔쳐 먹는 풍속이 남아 있었다. 보름 전날 동네 형들과 몰려다니며 다른 집 부엌에서 밥을 훔쳐 커다란 그릇에 비벼 먹던 추억이 있다. 말이 훔쳐 먹는 것이지 집 주인이 일부러 훔쳐 먹을 밥과 나물을 준비해 놓았다. 열 나흗날 오곡밥을 얻으러 오는 사람들이 많아야 일꾼이 많이 생겨 풍년이 든다고 믿었기 때문이다. 밥 굶는 아이들을 위한 공동체의 배려였을 것이다.

　요즘 같은 아파트 문화에서는 상상도 못할 일이다. 몇 달 전 아파트 앞집에 새로운 식구가 이사를 왔다. 나는 그 집에 몇 명이 사는지, 무슨 일을 하는지 알지 못한다. 이사 온 지 몇 달이 넘도록 얼굴 한번 제대로 못 봤다. 뭐 이런 일이 한두 번 있는 일이 아니니 크게 마음 쓰지도 않는다.

　많은 국민이 아파트나 빌라 같은 공동주택에 살다 보니 주차 문제나 층간소음이 폭력 사건으로 이어지는 뉴스를 심심치 않게 듣는다. 세상이 각박해지며 사유지라는 이유로 어느 날 갑자기 길을 막아 통행에 불편을 주는 일도 일어난다. 앞집에 누가 사는지도 모르는 현상은 공동체 붕괴를 부추긴다. 각박해진 인심은 팍팍한 세상살이를 더 힘들게 만든다. 각자 열심히 살 뿐이다. 동창회 모임도 없어졌다는 말도 많이 듣는다. 자연히 선후배 간의 끈끈한 정도 사라졌다. 정희성 시인의 〈숲〉은 이런 세태를 잘 반영한 시다.

숲에 가보니 나무들은
제가끔 서 있더군
제가끔 서 있어도 나무들은
숲이었어
광화문 지하도를 지나며
숱한 사람들을 만나지만
왜 그들은 숲이 아닌가
이 메마른 땅을 외롭게 지나치며
낯선 그대와 만날 때
그대와 나는 왜
숲이 아닌가

―〈숲〉, 정희성

마음을 훈훈하게 하는 이야기를 들어보자.

중국 전국시대 양나라 대부 송취가 초나라와 경계가 맞닿아 있는 마을 현령으로 있을 때의 일이다. 양쪽 모두 오이를 심었는데, 양나라 사람은 부지런히 물을 주어 오이가 잘되었고, 초나라 사람은 물을 자주 주지 않아 오이가 잘 자라지 않았다.

초나라 수령이 양나라의 오이가 잘된 것이 싫어 밤중에 해코지하여 말라 버린 것이 생겼다. 양나라 정장이 보복으로 초나라 오이를 해 코지하려 하자. 송취는 "이는 화를 같이 당하는 것"이라며 말리고는 사람을 시켜 밤중에 몰래 초나라 오이밭에 물을 주도록 하였다. 초나라 정장이 매일 아침 밭에 나가보면 오이밭에 물이 이미 충분하고, 오이가 날로 좋아졌다. 알고 보니 양나라 정장이 그렇게 한 일이었다. 초나라 수령은 대단히 기뻐하여 이 일을 초나라 왕에게 보고하였다. 초나라 왕은 양나라 사람이 남모르게 행한 일에 대해 크게 사례하고, 양나라 왕과 우호 관계를 맺었다.

감사 이창정이 순천 부사로 있을 때의 일이다. 이창정과 이름도 같고, 관품도 같은 사람이 있었던 모양이다. 어떤 가난한 선비가 딸의 혼수에 도움을 받으러 왔다가 사또를 만나보니 전혀 다른 사람이었다. 순천 부사가 친구인 줄 알고 찾아온 선비는 크게 실망하여 머뭇거리는데, 이창정은 자리를 권하고 까닭을 물었다.

"어떤 일로 오셨소?"

선비가 사실대로 말했다.

"딸년이 혼사를 앞두고 있는데, 집안이 가난하여 도움을 받을까 찾아왔습니다."

이창정은 웃으면서 말했다.

"그럴 수도 있는 일입니다."

그러고는 이방에게 일렀다.

"이 선비를 후하게 대접하고, 혼수를 준비해주되, 한 가지도 빠지지 않게 해드려라."

선비는 "비록 내 친구가 마련해 준다고 하더라도 이처럼 하지는 못할 것이요" 하며 무척 고맙게 여겼다.

오가는 정이라는 게 있다. 맛있는 음식이 있어 옆집에 나눠주면 빈 그릇을 그냥 주지 않고 음식을 담아 주는 마음 같은 것 말이다. 스승의 날 제자들이 스승에게 드리는 조그만 선물도 마찬가지다. 그런데 언제부턴가 스승의 날에 아무런 선물을 못하게 법으로 금지를 해놓았다. 선물이 지나쳐서 문제가 일어난다지만, 사제 간에 조그만 선물도 주고받지 못하도록 하는 규제는 문제가 있다.

세상 각박한 현상은 결혼식장에도 있다. 요즘 젊은 사람들은 주례 볼 사람을 돈 주고 산다고 한다. 하객까지도 아르바이트란다. 주례로 모시려면 식전에 인사를 드리러 가야 하고, 식이 끝나면 답례품을 들고 인사를 가는 번거로움이 싫다고 한다. 점점 사람 사는 맛이 사라지는 현상이다.

다음 사례를 보자. 청렴결백도 좋고, 원리 원칙을 지키는 일도 중요하지만, 지나치면 세상이 각박해진다는 의미로 정약용이 《목민심서》에 기록한 내용이다.

인조가 병에 걸렸다. 마침 궁중의 주방에는 입에 맞는 음식이 없었다. 인조는 갑자기 수원 약과가 생각이 나서 내시를 불러 말했다.

"내가 지금 입맛이 없는데 수원 약과가 먹고 싶구나. 수원에 가서 약과를 가져오도록 하라."

내시가 수원에 와서 수원 부사 조계원에게 말했다.

"전하께서 입맛이 없는 와중에 특별히 수원 약과를 찾으시니 구해 주시오."

부사가 요구를 거절하며 말했다.

"자네 말은 무슨 말인지 알겠네. 하지만 수원부에서 약과를 사사로이 헌납하는 것은 신하로서 임금을 섬기는 예가 아니라네. 조정의 명령이라는 공식 절차에 따른 문서가 없으면 약과를 구해줄 수 없네. 전하께 그리 전하시게."

그 말을 들은 인조는 비록 군신 사이지만 인척으로 얽힌 사이인데 어찌 그러한 인정조차 없냐며 웃었다고 한다. 인조가 인척의 인정을 언급한 것은 조계원의 형인 조창원이 자신의 장인이었기 때문이다. 수원 부사 조계원이 인조 처의 작은 아버지인 셈이었다. 조카사위인 자기에게 약과를 두고 깐깐하게 군 조계원의 처사에 박정하다고 인조가 한마디한 것이다.

고적 사문(士文)은 성품이 차갑고 거칠었다. 관리가 되었어도 녹봉을 받지 않았다. 아들이 수령의 음식을 만드는 관주의 음식을 먹었다고 해서 칼을 씌워 옥에 여러 날 가두고 곤장 2백 대를 때린 후, 수레를 태우지 않고 걸어서 돌아가게 했다. 간사하고 아첨하는 자를 적발하여, 베 한 자나 쌀 한 말 받은 장죄도 관대하게 봐주는 일이 없이 탄핵해서 영남으로 귀양 보낸 자가 1천 명이나 되었는데, 모두가 풍토병으로 죽으니 그의 가족들이 울부짖었다.

고적사문(庫狄士文)이 그들을 잡아다 매를 때리니 때리는 매가 그 앞에 가득하였으나, 울부짖는 소리는 더욱 심해갈 뿐이었다. 임금이 이를 듣고, "사문의 포악함이 맹수(猛獸)보다 더하다" 하였다. 그로 인해 벌을 받아 파면되었다.

사람과 사람이 숲처럼 어울리는 세상을 위하여

송취와 이창정이 한 일은 사람과 사람 사이 끈끈한 정을 느끼게 한다. 각각의 나무가 아니라 어우러지는 숲을 만든 사람이다. 반면 조계원을 보면 빡빡하다는 생각이 든다. 지나친 청렴은 인간의 정마저도 말살한다. 고적 사문은 법을 오히려 백성을 탄압하는 도구로 사용했다. 지금부터 소개하는 맹상군도 사람을 모아 숲을 이룬 사람이다. 앞에서 우리는 맹상군의 식객 풍훤이 설읍에 가서 백성들이 맹상군에게 진 빚을 모두 탕감해 준 이야기를 보았다. 사람과 사람 사이를 숲처럼 어울리게 만드는 비결은 베풂과 희생이라는 사실을 보여준다.

맹상군은 중국 전국시대 제나라 왕족이자 정치가였다. 맹상군은 천하의 유능한 선비들과 제나라로 망명해 오는 인사들을 식객으로 우대했다. 유력한 정치가 전영의 아들이지만, 아들 대접을 받지 못할 때 그는 다음과 같이 주장했다.

"아버지께서 제나라의 재상 일을 맡아 지금까지 세 분의 왕이 계셨지만 제나라는 그 땅을 넓히지 못했고, 집에는 만금의 부가 쌓여 있지만 문하에 유능한 사람 하나 보이지 않습니다. 제가 듣기에 장수의 집에서는 장수가 나고, 재상의 집에서는 재상이 난다고 합니다. 지금 후궁들은 땅바닥에 끌리는 수를 놓은 명주옷을 입고 다니나, 선비들은 짧은 바지도 얻어 입지 못하고 있습니다. 하인과 첩들은 쌀밥에 고기를 먹지만, 선비들은 술지게미나 겨조차 배불리 먹지 못하고 있습니다. 지금 아버지는 또 재물을 잔뜩 쌓아두었다가 알지도 못하는 사람에게는 주려고 하시면서 나라의 일이 갈수록 어려워지는 것은 잊고 계시니, 제가 생각하기에 정말 이상합니다."

이에 전영은 아들을 예우하여 집안일과 빈객을 대우하는 일을 맡겼다. 빈객들이 날이 갈수록 모여들었고, 그 명성이 제후들의 귀에 들어갔다. 제후들이 모두 사람을 보내 설공 전영에게 문을 태자로 삼으라고 권하니 전영이 이를 받아들였다. 전영이 죽자, 시호를 정곽군이라 했다. 문이 과연 설에서 대를 이으니 이가 바로 맹상군이다.

맹상군이 설에 있을 때 제후와 빈객뿐 아니라 도망친 범죄자들을 초빙하니, 모두 맹상군에게로 왔다. 맹상군은 자신의 재산을 털어 이들을 후대하니 천하의 인재들이 그에게로 기울었다. 식객이 수천이었지만, 귀천 없이 모두 맹상군과 동등했다. 맹상군이 객을 맞이하여 앉아서 대화하면 병풍 뒤에 늘 시사가 있어 맹상군과 객의 대화를 기록했는데, 친인척이 사는 곳을 물었다. 객이 떠날 무렵이면 맹상군은 이미 사람을 보내 친척을 방문하여 예물을 드린 뒤였다.

맹상군이 언젠가 밤에 객과 식사를 하는데 누군가 불빛을 가렸다. 객은 밥과 반찬이 같지 않다고 여기고 화를 내며 밥그릇을 엎고 자리를 떴다. 맹상군이 일어나 직접 밥그릇을 들고 객의 것과 비교하도록 해주었다. 그러자 객은 부끄러워 자살했다. 이 일로 인재들이 맹상군에게 더 많이 모여들었다. 맹상군은 객을 가리지 않고 모두 잘 대우했으므로 사람마다 각자 자신이 맹상군과 친하다고 여겼다.

어디를 가도 서로 이익만 놓고 다툴 뿐, 양보와 배려와 희생이 없어 안타깝다. 사람과 사람이 모여 숲을 이루려면 개개인은 어느 정도 희생할 줄 알아야 한다. 자신은 조금도 손해 보지 않으려고 하면서 다른 사람이 각박하다고 탓한다면 숲을 만들지 못한다. 우리가 맹상군이나 순천부사 이창정 만큼은 못하더라도 양나라 정장처럼은 할 수 있지 않을까.

4장

너무 오랫동안 알지 못했네

바라는 것만 보이는

남이 보지 못하는 것을 보는 눈

남이 생각하지 못한 것을 생각함

지독하게 속이면 내가 곧 속고 만다

하나씩 내려놓으면서

물고기 입장이 되어보는 일

모든 소리들이 흘러 들어간 뒤

인생의 마무리, 죽음을 준비하는 방법

바라는 것만
보이는

뇌신경학자들은 우리 머릿속에 일어나는 생각 체계를 2종류로 나눈다. 직관 체계와 숙고 체계다. 두 체계는 우리 뇌 속에서 끊임없이 일어나는 생각 과정이다. 두 체계가 어떻게 다른지 비교해 보자.

직관 체계는 거의 혹은 전혀 힘들이지 않고 자동으로 빠르게 작동한다. 무의식적이다. 충동적이고 감정에 따른다. 일상적 습관을 수행하고 행동에 지침을 준다. 숙고 체계는 복잡한 계산을 포함해서 노력이 필요한 정신 활동이다. 직관 체계보다 느리고, 의식적이다. 자기 통제를 담당하며 자동적인 과정과 감성적인 충동을 억제한다. 새로운 것을 학습하거나 새로운 계획을 세울 때 작동한다.

직관 체계는 생존을 위해 매우 유용하다. 등산하다 뱀을 만나면 우리는 거의 반사적으로 행동한다. 뱀을 앞에 놓고 토론하지도 않고, 다른 사람에게 전화하여 도움을 받지도 않는다. 도망가든지 뱀을 잡던지 순간적인 판단에 따른다. 이런 재빠른 판단과 동작이 생존에 훨씬 유리하기 때문이다.

숙고 체계를 사용하면 실수와 오류를 줄일 텐데 왜 직관 체계를 사용할까? 인간이 반사적이고 충동적이고 감정적이고 무의식적으로 결정하고 선택하는 이유는 생존에 유리하기 때문이다. 그동안 경험과 학습으로 알 만큼 알아 뻔한데 다시 고민하고, 조언을 구하고, 토론하는 숙고 체계를 사용한다면 얼마나 피곤한 일인가. 바로 여기에 답이 있다. 그동안 경험적 지식이 직관으로 하여금 결정하도록 만든다.

또 다른 이유는 에너지 사용과 관련 있다. 뇌 무게는 보통 1.4킬로그램이다. 그런데 뇌는 우리가 사용하는 에너지의 20퍼센트 정도를 사용한다. 만약 모든 결정에 숙고 체계를 사용한다면 더 많은 에너지를 사용하게 된다. 인간이 직관 체계를 사용하는 이유는 에너지를 덜 사용하는 방향으로 진화하였기 때문이다. 물론 이것도 생존에 유리한 방법이다. 이런 이유로 신경림 시인의 〈고장 난 사진기〉처럼 우리는 보고 싶은 것만 보는 오류를 범한다.

나는 늘 사진기를 들고 다닌다
보이는 것은 모두 찍어
내가 보기를 바라는 것도 찍히고 바라지 않는 것도 찍힌다
현상해 보면 늘 바라는 것만이 나와 있어 나는 안심 한다
바라지 않던 것이 보이는 것은 환시였다고

나는 너무 오랫동안 알지 못했다 내 사진기는
내가 바라는 것만을 찍어주는 고장난 사진기였음을
한동안 당황하고 주저하지만
그래도 그 사진기를 나는 버리지 못하고 들고 다닌다

고장난 사진기여서 오히려 안심하면서

―〈고장난 사진기〉, 신경림

고장 난 사진기처럼 우리가 세상을 보는 눈도 고장이 나 있다. 사람들은 대개 보고 싶은 것만 보고, 듣고 싶은 말만 듣는다. 의도적으로 그렇게 하는 게 아니라, 고장난 사진기처럼 바라는 것만 보이기 때문이다. 확증편향 오류다.

중국 전국시대에 진(秦)나라가 위(魏)나라와 이웃한 조(趙)나라를 침공했다. 위나라 대부들은 조나라가 승리하면 조나라에 복종하면 되고, 조나라가 지면 그 틈을 타서 공격할 수 있다면서 걱정하지 않았다. 이것이야말로 바라는 것만 보는 확증편향의 오류다. 그러자 위나라 재상 공빈이 "그렇지 않다. 진나라는 효공 이래로 아직 싸워서 굴복한 적이 없고, 지금 모두 훌륭한 장수들인데 어떻게 피폐해진 틈을 탄다는 말인가?" 하면서 반박했다. 이에 대부들은 "설령 진나라가 조나라를 이긴다고 하더라도 우리에게 무슨 손해가 있는가? 이웃 나라의 수치는 우리나라의 복이다"라고 하였다.

그러자 공빈이 다음과 같이 말했다.

"진나라는 탐욕스럽고 난폭한 나라다. 조나라를 이기면 반드시 공격할 다른 나라를 찾을 것인데, 그때 우리가 진나라의 공격을 받게 될까 두려울 뿐이다. 옛사람들 말 중에 '제비와 참새는 사람의 집에 둥지를 틀고 어미가 새끼를 먹여주면서 평화롭게 지내며 스스로 안전하다고 여긴다. 그 집 굴뚝에서 불이 번져나서 지붕을 태우려고 하는데도 제비와 참새는 얼굴색도 변하지 않고 재앙이 자신에게 미치는 줄 모른다'는 말이 있다. 지금 그대들은 조나라가 패한 뒤에 환란이 자신에게 닥치리라고 생각조차 하지 않으니 사람이 제비나 참새와 같아야 하겠는가!"

'연작처당(燕雀處堂)'이라는 말이 바로 여기서 나왔다. 제비와 참새가 처마 밑에 둥지를 짓고 안락하게 지내면서 경계심을 잃어, 집에 불이 나는데도 위험을 전혀 알아차리지 못한다는 뜻이다. 무사안일에 빠져서 위험이 닥쳐도 깨닫지 못하는 상태를 말한다. 위나라 대부들이 이렇게 생각한 이유는 보고 싶은 것만 보는 확증편향 오류에 빠졌기 때문이다.

제나라에 추기라는 사람이 있었다. 키는 8척이 넘었고, 건강한 체격에 용모가 준수했다. 당시 제나라에는 서공이라는 소문난 꽃미남이 살았다. 추기가 어느 날 관복과 의복을 차려입고 거울을 보며 아내에게 물었다.

"나와 서공 중 누가 더 잘생겼소?"

그러자 아내가 대답했다.

"당신이 최고죠"

추기는 믿기지 않아 다시 첩에게 물었다.

첩은 "서공은 당신에게 비교가 안 되죠" 하고 대답했다.

때마침 손님이 찾아와서 대화를 나누다가 추기가 손님에게 물었다.

"나와 서공을 비교할 때 누가 더 잘생겼소?"

손님은 "서공이 대감에게는 미치지 못합니다" 하고 대답했다.

다음 날 서공이 우연히 추기의 집을 방문했다. 추기는 서공을 자세히 보고는 자신이 서공보다 못하다는 생각이 들었다. 거울을 다시 봐도 역시 서공이 훨씬 나았다. 그날 밤 서공은 잠자리에 누워 곰곰이 생각했다.

'아내는 나를 사랑하기 때문에 내게 듣기 좋은 말을 했을 테고, 첩은 나를 두려워해서 나한테 서공보다 잘생겼다고 했을 것이다. 손님은 나에게 뭔가 바라는 것이 있으므로 그렇게 말했을 것이다.'

추기의 사진기는 다행히 고장 나지 않았다. 이에 추기는 깨달은 바가 있어 임금을 찾아갔다. 그러고는 자신의 외모가 서공보다 못하지만, 다들 내가 낫다고 말한 사연을 이야기했다. 마찬가지로 궁에 있는 비빈과 측근들은 왕을 사랑하고, 조정 신하들은 왕을 두려워하며, 사방 천지에 왕에게 바라는 사람들뿐이라고 말했다. 그러면서 이런 관점에서 보면 많은 진실이 왜곡되지 않겠느냐고 아뢰었다.

당시 왕은 아첨꾼에 둘러싸여 사리 분별을 제대로 하지 못했다. 추기는 왕에게 자신이 아첨꾼들에게 속은 일화를 얘기하고는 "조정에서 왕을 가까이 모시는 신하 중에는 왕을 편애하지 않는 자가 없고, 대신 중에는 왕을 두려워하지 않는 자가 없으며, 백성들은 왕에게 무엇인가를 얻어내려고만 한다"고 말한 것이다. 이 말을 들은 왕은 크게 깨달아 앞으로는 정사를 잘 보겠노라고 다짐했다.

추기에게 간언을 들은 왕은 다짐에 그치지 않고 명령을 내렸다.

"나의 잘못을 고하는 신하나 백성에게는 상등 상을 내릴 것이요, 상소로서 간하는 자는 중등 상을, 공중 장소에서 나의 잘못을 얘기하는 자에게는 하등 상을 주겠다."

이 명령을 내리고서야 비로소 간언하는 신하들이 줄을 이었다. 이후에는 어떻게 됐을까? 몇 개월이 지나자 뜸해지더니 일 년이 지난 후에는 신하들이 임금의 잘못을 찾지 못하자 간언을 멈추었다. 이웃 나라에서는 이 소식을 듣고 제나라를 떠받들게 되었다.

보고 싶은 것만 보고 듣고 싶은 것만 듣는 우매함

초 회왕이 장의의 속임수에 넘어간 이야기를 들으면 사람이 대개 듣고 싶은 말만 듣고 보고 싶은 것만 본다는 말을 이해할 수 있을 것이다. 진나라가 제나라를 치려 하자 제나라와 초나라가 군사 동맹을 맺었다. 이에 장의가 초나라로 갔다. 초 회왕이 장의가 온다는 말을 듣고는 상등급 객사를 비워 놓고 몸소 그를 안내하면서 말했다.

"여기는 구석지고 누추한 나라입니다. 그대는 무엇으로 내게 가르침을 주려 하시오."

"대왕께서 진정 신의 말씀에 따라 관문을 닫고 제나라와 맺은 맹약을 끊으신다면, 신은 상(商)나라와 오(於)나라 땅 600리를 드리고, 진나라 여자를 대왕의 아내로 맞이하게 할 것이며, 진나라와 초나라의 며느리를 맞이하고, 딸을 시집보내 영원히 형제의 나라가 되길 바라옵니다. 이는 북으로 제나라를 약하게 만들고 서쪽으로 진나라에 유리한 것이니 계책으로 이보다 좋은 것은 없습니다."

초왕은 크게 기뻐하며 이를 받아들였다. 신하들도 모두 축하를 올렸으나 진진만 반대 의견을 냈다. 그러자 초왕은 진진에게 다음과 같이 화를 냈다.

"과인이 군대를 일으키지 않고도 600리 땅을 얻게 되어 신하들이 모두 축하를 올리는데, 그대만 조의를 표하니 왜 그렇소?"

"그렇지 않습니다. 신이 보기에 상나라와 오나라의 땅은 얻을 수 없고, 제나라와 진나라는 연합할 것입니다. 제나라와 진나라가 연합하면 우환이 따를 수밖에 없습니다."

이에 초왕이 다시 따져 물었다.

"근거가 있소?"

"대저 진나라가 초나라를 중시하는 까닭은 제나라가 있기 때문입니다. 지금 관문을 닫고 제나라와 맹약을 끊으면 초나라는 고립됩니다. 진나라가 무엇 때문에 고립된 나라를 중시하여 상나라와 오나라의 땅 600리를 준단 말입니까? 장의는 진나라로 돌아가면 틀림없이 왕을 배반할 것이니, 이로써 북으로 제나라와 절교하고 서쪽으로 진나라라는 우환거리가 생기게 되어 틀림없이 두 나라 군대가 함께 이를 것입니다. 대왕을 위한 최선의 계책이라면 제나라와 몰래 연합하고, 겉으로 절교하는 척하면서 사람을 장의에게 딸려 보내는 것입니다. 진짜 우리에게 땅을 주면 그때 가서 제나라와 절교해도 늦지 않고, 우리에게 땅을 주지 않으면 은밀히 제나라와 연합하여 다시 계책을 짜면 됩니다."

초왕은 진진의 말을 무시했다.

"그대는 입 다물고 과인이 어떻게 땅을 얻는지 잘 보시오."

그러고는 재상의 도장을 장의에게 주고, 후한 뇌물도 주었다. 마침내 관문을 닫고 초나라와 맹약을 끊은 다음, 장군 하나를 장의에게 딸려 보냈다.

진나라에 이르자 장의는 수레에 오를 때 일부러 줄을 놓쳐 수레에서 떨어진 것처럼 하여 석 달 동안 조정에 나가지 않았다. 초왕이 그 소식을 듣고는 "장의가 과인이 제나라와 확실하게 절교하지 않았다고 여기는가?" 하며 바로 용사를 송(宋)나라에 보내 송나라의 부절을 빌려 북으로 가서 제나라 왕을 욕하게 했다. 이에 제나라 왕은 크게 화를 내며 부절을 꺾고는 진나라에 몸을 낮추었다.

진나라와 제나라가 관계를 회복하자 장의는 바로 조정에 들어와 초나라 사신에게 말했다.

"신의 봉읍 6리를 대왕께 바치길 원합니다."

"신이 왕께 명령받기로는 상나라와 오나라의 땅 600리였지, 6리는 들은 바가 없습니다."

사신이 돌아와서 초왕에게 이를 보고하자, 초왕은 크게 화가 나서 병사를 징발하여 진나라를 공격하려고했다. 이에 진진이 수습책을 내놓았다.

"이 진진이 한 말씀 해도 되겠습니까? 진나라를 공격하기보다는 땅을 떼어 진나라에게 주고, 군대를 합쳐 제나라를 공격하는 것이 낫습니다. 이렇게 해서 진나라에게 우리 땅을 내주고 제나라에서 보상을 받는 것이니, 왕의 나라는 보존할 수 있습니다."

초왕은 이를 듣지 않고 기어이 군대를 징발하여 장군 굴개에게 진나라를 치게 했다. 진나라는 제나라와 함께 초나라를 공격하여 8만의 목을 베고 굴개를 죽이고는 드디어 단양과 한중의 땅을 취했다. 이에 초나라는 다시 병사를 더 징발하여 진나라를 습격했다. 남전에 이르러 큰 전투가 벌어졌으나, 초나라가 대패했다. 이에 초나라는 두 개의 성을 떼어 진나라에 주고 화평했다.

　당신은 어떤가? 고장 난 사진기를 들고 다니지는 않는가? '고장난 사진기여서 오히려 안심하면서' 살지는 않았는가? 다른 사람의 조언에 귀를 막고 자기 고집대로 일을 처리하다가 낭패 본 적은 없는가? 눈에 보이는 현상만 보고 이면에 감춰진 진실을 외면하여 크게 실수한 적은 없는가? 사진기를 고쳐 쓸 생각은 있는가?

남이 보지 못한 것을
보는 눈

　사람은 지루하면 싫증을 낸다. 특이하고 독특하고 새로워야 흥미를 느낀다. 배우나 가수가 10년 넘게 최고의 인기를 누리는 예가 드문이유다. 대중은 새로운 얼굴을 찾기 때문이다. 예술 분야도 마찬가지다. 익숙한 것은 관심을 받지 못한다. 오규원 시인은 《현대시작법》에서 지루한 일상은 오히려 독이라 시적 진술은 묘사 못지않게 우리 정서 밑바닥에 자리 잡은 상투적인 의미 체계에 새로운 충격을 줄 수 있는 가치를 발견해야 한다고 했다. 공광규 시인은 그것을 '낯설게 하기'라고 했다.

　그러려면 남이 미처 생각하지 못한 것을 생각해 내거나, 발견하지 못한 것을 보는 눈이 있어야 한다. 관찰력이 그래서 중요하다. 글을 쓰는 사람들은 일상생활에서 그냥 지나쳐버릴 만한 것도 글의 소재로 사용한다. 관찰력 덕분이다. 로버트 루트번스타인(Robert Root-Bernstein)과 미셸 루트번스타인(Michele Root-Bernstein) 부부는 공동 저작인 《생각의 탄생》에서 글쓰기에는 예리한 관찰 기술이 필요하다고 역설했다.

시인 에드워드 E. 커밍스(Edward E.Cummings)는 자신을 태양 아래 있는 모든 것을 관찰하는 사람으로 규정한 바 있다. 작가 존 도스 파소스(John Dos Passos)의 기억에 따르면, 두 사람이 같이 산책을 할 때마다 커밍스가 종잇조각에 뭔가를 적고 스케치를 했다고 한다. 소설가 서머싯 몸(Somerset Maugham)은 사람을 끊임없이 탐구하는 것은 작가의 필수적인 자세라고 했는데, 그 말은 사람의 외관뿐만 아니라 대화, 행동까지 관찰해야 한다는 뜻이었다. 그는 "간접적으로 전해지는 얘기라도 몇 시간 동안 들어둘 수 있어야 무심결에 새어 나오는 중요한 단서를 포착해낼 수 있다"고 말했다.

작가들에게 관찰력이 얼마나 중요한가는 새삼스럽게 말할 필요도 없다. '진짜처럼 보이는' 플롯의 전개를 위해서는 사람들이 다른 사람의 말과 몸짓과 행동에 어떤 반응을 보이는지 알아야만 한다. 독자들의 감각에 자극을 주기 위해서 감각 자체를 알아야 한다. 작가는 경험을 향유할 뿐 아니라 관찰하고 분석한다.

관찰 대상은 눈에 보이는 것만이 아니다. 소리, 냄새, 맛, 촉각까지 관찰해야 한다. 다음은 만화가 허영만 이야기다.

'이끼'를 그린 윤태호는 1988년부터 2년간 허영만 문하생이었다. 허영만이 연재 원고 1회분(25~30쪽)을 그리면 참고 서적이 20~30권 쌓였다. 취재 갔다 돌아와 화실 여직원에게 비닐 봉투를 건네면 24~36컷 필름통이 도토리처럼 쏟아졌다. 윤태호가 속으로 '우리 선생님은 왜 이렇게 힘들게 살까' 했다. "두 가지 생각밖에 안 들었어요. '나도 유명해지려면 저렇게 고생해야 하나?'와 '근데 만화는 정말 재밌네'였죠. 선생님보다 쉽게 그리는 사람 많았어요. 그분들 다 은퇴했어요."

그는 취재와 메모로 계속 새로운 '총알'을 만든다. '식객' 연재 10년 동안 허영만은 스토리 작가 이호준과 매달 두 차례 전국을 돌았다. 도축장이고 모내기하는 데고 안 가본 데가 없다. 다들 "그이 같은 메모광을 못 봤다"고 했다. "밥 먹다가" 메모하고(만화가 박문윤), "자다 일어나" 메모하고(김영사 대표 박은주), "배를 몰다" 메모했다(이정식).

– 〈조선일보〉

좋은 글은 쉼 없는 관찰과 메모 속에서 나온다. 글을 잘 쓰기 위한 필수 과정이다. 글을 쓰는 사람은 주변에서 일어나는 일을 관찰하고, 부지런히 메모한다. 이것만큼 좋은 글감이 없기 때문이다. 이상국 시인은 남들이 그냥 무심코 지나쳐버리는 무밭에서 남이 보지 못한 것을 보고, 남들은 하지 않는 질문을 하였다. 남들은 도저히 하지 않는 충동을 느끼기도 했다. 이상국 시인의 시 〈무밭에서〉를 감상해보자.

무는 제 몸이 집이다
안방이고 변소다
저들이 울타리나 문패도 없이
흙 속에 실오라기 같은 뿌리를 내리고
조금씩 조금씩 생을 늘리는 동안

그래도 뭔가 믿는 데가 있었을 것이다

그렇게 자신을 완성해 가다가

어느 날 농부의 손에 뽑혀나갈 때

저들은 순순히 따라 나갔을까, 아니면

흙을 붙잡고 안간힘을 썼을까

무밭을 지나가다

군데군데 숨여 나간 자리를 보면

아직 그들이 체온이 남아 있는 것 같아

손을 넣어보고 싶다

- 〈무밭에서〉, 이상국

'무는 제 몸이 집이다/안방이고 변소다'같은 생각은 아무나 하는 게 아니다. 시인이니까 가능하다. 마찬가지로 '어느 날 농부의 손에 뽑혀 나갈 때/저들은 순순히 따라 나갔을까, 아니면/흙을 붙잡고 안간힘을 썼을까' 같은 질문도 시인이기 때문에 할 수 있다. 무를 숨아 낸 자리에 손을 넣고 싶은 충동도 시인이니까 느끼는 감정이다. 이렇게 남들이 불가능한 생각이나 감정을 언어로 표현해 놓음으로써 시를 읽는 독자들은 낯섦을 느낀다.

관찰력은 아무도 보지 못한 것을 발견하는 능력

초나라 장왕은 약소국 진(陳)나라를 정벌할 생각으로 사람을 보내어 상황을 살펴보게 하였다. 정탐꾼이 돌아와서 보고하였다.

"진나라는 정벌하기 어렵습니다."

장왕이 그 이유를 물으니 정탐꾼이 말했다.

"진나라는 성벽이 높고 해자를 깊이 파서 방어 준비를 잘해 놓았습니다. 군량미도 충분히 쌓아 놓았습니다."

그러나 장왕이 말했다.

"진나라를 정벌할 좋은 기회다. 진나라는 작은 나라인데 식량을 많이 쌓아 놓았다면 이는 백성들 세금을 무겁게 했다는 뜻이니 백성이 임금을 원망할 것이다. 성벽을 높이 쌓고 구덩이를 깊이 팠다면 백성들은 거기에 부역으로 동원되어 탈진한 상태일 것이다."

그러고는 진나라를 공격하여 손쉽게 정벌하였다.

이처럼 남이 보지 못한 것을 보는 능력이 중요하다. 비슷한 사례가 한(漢)나라 때도 있었다. 유경은 제나라 사람으로 한 고조 유방을 도운 사람이다.

한나라 7년, 한신이 반란을 일으켰다. 고조는 몸소 군대를 이끌고 진양에 이르렀는데, 한신이 흉노와 내통하여 함께 한나라를 치려고 한다는 말을 듣자 크게 노하여 흉노에 사신을 보냈다. 흉노는 힘이 센 장정들과 살이 찐 소와 말들을 숨기고, 노약자와 여윈 가축만을 눈에 띄게 해두었다. 그 때문에 사신들이 열 명이나 갔는데도 돌아와서는 모두가 흉노는 공격할 만하다고 보고하였다. 고조는 이번에는 다시 유경을 사신으로 보냈다. 그런데 유경은 돌아와 반대로 보고하였다

"두 나라가 교전하고 있을 때는 저마다 자기편이 이로운 점을 자랑하려 듭니다. 그런데 지금 신이 그곳에 도착하자 여위고 지쳐 보이

는 노약자들만 눈에 띄었습니다. 이것은 틀림없이 약점을 보이고, 복병으로써 승리를 취하려는 계략입니다. 신의 어리석은 생각으로는 지금 흉노는 치면 안 됩니다."

그 무렵 한나라 군대 20만 명이 이미 구주산 너머로 진격하고 있었다. 고조는 화를 내며 유경을 꾸짖었다.

"이 제나라 포로 녀석아! 입과 혀를 놀려 벼슬을 얻더니 이제 망언으로 우리 군대의 행진을 막을 셈이냐?"

그러고는 유경에게 칼을 씌워 옥에다 가둔 다음, 진군하여 평성에 도착하였다. 흉노는 과연 복병을 내어 백등산에서 고조를 포위하였다가 7일 만에 풀어주어 겨우 벗어났다. 고조는 유경을 석방하며 말했다.

"나는 그대 말을 듣지 않았기 때문에 평성에서 욕을 당하게 되었소. 앞서 흉노를 치자고 말한 열 명의 목을 모조리 베었소."

다산 정약용이 환갑을 맞이하여 직접 쓴 《자찬묘지명》에 다음과 같은 내용이 있다.

무오년 겨울에 나쁜 병이 갑작스럽게 서쪽길을 따라 퍼졌다. 내가 먼저 병을 앓아누웠다. 고을의 늙은이가 걸렸다 하면 반드시 죽었다. 며칠이 못 가서 곡소리가 사방 마을에 진동했다. 내가 백성들에게 서로 치료해주도록 권했다. 곡식으로 다급함을 구휼해 주었다. 또 임자 없는 시신을 묻어주었다.

해가 바뀌었는데도 나는 아직 이불을 둘러쓰고 있었다. 물품을 조달하는 아전을 급히 불렀다. 황해도 배천의 강서사(江西寺)로 가서 급히 맨땅에 까는 화문석을 사오게 했다. 모두 놀라 영문도 모른 채 "칙사가 옵니까?" 하고 물었다. 내가 "아니다. 그래도 빨리 가는 게 좋겠다" 하고 말했다.

아전이 가서 이것을 사서 평산부에 도착하자, 의주에서 파발이 나는 듯이 달려와서 "황제가 붕어하여 칙사가 왔다"고 했다. 아전이 돌아오자 온 부중이 크게 놀랐다. 내가 말했다.

"이상할 필요가 없다. 병이 서쪽에서 왔는데 노인이 모두 죽었다. 그래서 알았다."

다산이 황해도 곡산 부사로 나가 있던 때 일이다. 돌림병이 서쪽 길을 따라 갑작스레 퍼졌다. 중국에서 의주를 거쳐 평안도 지역을 훑고 내려왔다. 늙은이는 걸리기만 하면 죽었다. 다산도 그 병을 앓아 자리에 누워 있으면서, 갑자기 아전을 불러 칙사가 올 때나 쓰는, 맨땅에 까는 화문석을 사오게 했다. 과연 화문석과 함께 청나라 건륭제의 사망 소식이 도착했다. 온 부중이 술렁거렸다. 부사가 족집게 도사처럼 황제의 죽음을 예견했기 때문이다. 다산의 대답은 간단하다. 중국 쪽에서 들어온 돌림병으로 노인들이 다 죽었다. 황제는 나이 80이 넘은 고령이다. 이 병이 중국에 돌았다면 황제도 무사할 리 없다. 그래서 그런 일이 있을 것을 짐작했다. 말 그대로 남들이 보지 못한 것을 보는 능력이다.

"돌다리도 두드려 보고 건너라"는 속담은 상황을 다 안다고 착각하지 말고 신중하게 다시 살펴보라는 경고다. 관찰력은 아무도 보지 못한 것을 발견하는 능력이다. 이때 가장 큰 장애물은 편견이다. 특정한 기술이나 이론에 숙달한 사람이 과거의 경험을 바탕으로 판단한다면 편견에 사로잡힐 수밖에 없다. 이런 편견을 극복하고 올바로 판단하고 결정하려면 현 상황을 면밀하게 살펴보는 관찰력이 필요하다. 남들도 다 보는 것에서 특별함을 찾아내야 한다.

남이 생각하지 못한 것을
생각함

　일상에서 보통 사람은 아무 생각 없이 지나쳐버리는 것을 시인은 다르게 본다. 사료와 음식의 다른 점을 생각해 본 적 있는가? 기발한 생각은 예술작품이 되기도 하고, 새로운 발명품이 되기도 하고, 섬광 같은 통찰력이 되기도 한다. 우리가 생각 없이 먹는 피자, 햄버거, 샌드위치 같은 패스트푸드가 동물 사료와 다를 게 없다는 오세영 시인의 생각, 시인은 햄버거를 먹으며 시를 얻었다.

　사료와 음식의 차이는
　무엇일까.
　먹이는 것과 먹는 것 혹은
　만들어져 있는 것과 자신이 만드는 것.
　사람은
　제 입맛에 맞춰 음식을 만들어 먹지만
　가축은
　싫든 좋든 이미 배합된 재료의 음식만을
　먹어야 한다.

김치와 두부와 멸치와 장조림과……

한 상 가득 차려놓고

이것저것 골라 자신이 만들어 먹는 음식,

그러나 나는 지금

햄과 치즈와 토막난 토마토와 빵과 방부제가 일률적으로 배합된

아메리카의 사료를 먹고 있다.

재료를 넣고 뺄 수도,

젓가락을 댈 수도,

마음대로 선택할 수도 없이

맨손으로 한 입 덥썩 물어야 하는 저

음식의 독재.

자본의 길들이기.

자유는 아득한 기억의 입맛으로만

남아 있을 뿐이다.

—〈햄버거를 먹으며〉, 오세영

제나라로 가던 초나라 사신이 송(宋)나라에서 잡혀 죽는 일이 발생했다. 초나라는 이를 응징하기 위해 송나라 도성을 포위했다. 송나라의 결사 항전으로 싸움이 장기전으로 치닫고 성과가 없자 장왕은 군사를 돌리려 했다. 그때 왕을 수행하던 신숙시가 기발한 아이디어를 하나 제안한다. 《춘추전국 이야기》의 저자 공원국은 '중국사를 바꾼 진언 중에 몇 손가락 안에 드는 말'이라고 표현할 정도로 획기적인 안이다.

"근처에 머물 집을 짓고 물러나 땅을 갈고 있으면 송나라는 반드시 명을 들을 것입니다."

위의 문장은 단순해 보이지만 실은 매우 중대한 발언으로 향후 중국식 군사작전의 중요한 축이 되는 둔전(屯田) 제도의 기원을 설명해 준다. 장왕은 이 말을 따랐다. 신숙시는 둔전을 만들어 초나라가 장기전으로 적을 지치게 하는 전술을 창안한 것이다. 송나라 사람들은 아예 집을 짓고 씨를 뿌리는 초나라 군인들의 행동에 버틸 의지를 잃어버렸다.

서문표가 업현의 현령이 되었다. 서문표는 업현에 도착하자마자 장로들을 불러 놓고 백성들이 어떤 일로 고통을 겪고 있는지 물었다. 장로들이 대답하였다.

"하수, 황하의 신 하백에게 신붓감을 바치는 일로 고통을 받고 있습니다. 그 때문에 가난하게 삽니다."

서문표가 다시 까닭을 묻자 그들은 이렇게 대답하였다.

"업현의 삼로와 정연들은 해마다 백성들에게 세금을 부과하여 수백만 전을 거둡니다. 그중에서 2만~3만 전은 하백에게 바치는 여자에게 쓰고, 나머지 돈은 무당들이 나누어 가지고 갑니다. 그때가 되면 무당들이 돌아다니며 남의 집 어여쁜 딸을 보고 이 처녀야말로 하백의 아내가 될 만하다고 합니다. 그리고 폐백을 보내어 주고 그 처녀를 데려다가 목욕을 시킨 다음 갖가지 비단으로 새 옷을 지어 입히고는 조용한 곳에 머물면서 재계를 시키기 위해 재궁을 물가에 세웁니다. 그리고는 두꺼운 비단으로 만든 붉은 색깔의 장막을 쳐서 그 안에 머물게 합니다. 처녀에게는 쇠고기, 술, 밥 따위를 제공합니다. 열흘 남짓 지나면 여럿이서 화장을 해주고, 시집갈 때의 상석 같은 것을 만들어 처녀를 그 위에 앉힌 다음 이것을 하수에다 띄웁니다. 처음에는 물에 떠 있다가 수십 리쯤 떠내려가면 물속으로 빠져 버립니다. 아름다운 딸을 둔 집에서는 큰무당이 하백을 위해 자기 딸을 데려가나 않을까 두려운 나머지 딸을 데리고 먼 곳으로 달아나 버립니다. 그런 까닭으로 성안은 갈수록 사람이 줄어들고, 또 가난하게 삽니다. 이 일은 유래가 아주 오래되었습니다. 민간에는 만일 하백에게 아내를 보내 주지 않으면, 물이 범람하여 백성들이 모두 빠져 죽게 된다고 전해오고 있습니다."

이에 서문표가 말하였다.

"하백에게 아내를 보낼 시기가 되어 삼로 · 무당 · 부로(父老)들이 처녀를 하수로 보낼 때 부디 나에게 알려 주시오. 나도 나가 처녀를 전송하겠소."

답이 없을 때 답을 찾아내는 섬광같은 통찰력

그날이 되었다. 서문표가 물가로 나가 보니 삼로와 관속과 호족, 마을 부로들이 모두 모여 있었다. 그밖에 구경 온 사람들도 대략 2천 ~3천 명이나 되었다. 큰무당은 이미 70살이 넘은 할미로, 제자 무녀를 10명쯤 데리고 있었다. 제자들은 모두 비단 홑옷을 입고 큰무당 뒤에서 있었다. 서문표가 말하였다.

"하백의 신부를 이리 불러오너라. 신부가 아름다운지 어떤지를 내가 직접 보리라."

그러자 장막 속에서 처녀를 데리고 나왔다. 서문표는 처녀를 슬쩍 보고 나서 삼로·무당·부로들을 돌아보며 이렇게 말하였다.

"이 처녀는 아름답지 않소. 큰무당 할멈이 수고스럽지만 하수로 들어가 다시 아름다운 처녀를 얻어서 다음 날 보내 드리겠다고 하백에게 여쭙고 오도록 하시오."

그러고는 당장 사졸들을 시켜서 큰무당을 하수에 집어 던졌다. 그러고 나서 얼마 지나자 서문표는 말하였다.

"할멈이 왜 이다지도 꾸물대고 있는 걸까? 제자 중에 누가 가서 빨리 불러오너라!"

그러고는 또 제자 한 사람을 강물 속에 던졌다. 또 얼마가 지나자 서문표가 말하였다.

"제자마저 어찌 이토록 늦는 걸까? 한 사람 더 들어가서 빨리 오라고 전하라!"

또다시 제자 하나를 강물 속에 던졌다. 이리하여 모두 제자 세 사람을 물속에 던지고 나서 서문표는 말하였다.

"할멈이나 제자들은 여자들이라서 사정을 제대로 아뢰지 못하는 모양이구나. 그렇다면 번거롭지만 삼로들께서 물속으로 들어가 하백에게 아뢰어야 하겠군."

이번에는 삼로들을 강물 속에 던졌다. 서문표는 비녀를 관(冠) 앞에 찌르고 몸을 경(磬)처럼 굽혀 절을 한 번 한 다음, 공손히 강물을 바라보고 서서 한동안 기다렸다. 옆에서 보고 있던 장로와 아전들은 모두 놀라고 두려워하였다. 그러자 서문표가 돌아보며 말하였다.

"무당도 삼로도 돌아오지 않으니 어찌하면 좋겠소? 누가 들어가서 재촉을 해야겠소."

그러고는 다시 관리와 호족 한 사람씩 강물로 들여보내려 하자 모두 머리를 찧었다. 이마가 깨어져서 피가 땅바닥에 흘러내리고 얼굴은 꺼진 잿빛처럼 되었다. 서문표가 다시 말을 이었다.

"그럼, 잠시만 더 기다려 보기로 하지."

얼마가 지난 다음 서문표는 말하였다.

"관리들은 일어나라. 아무래도 하백은 손님들을 붙들어 두고 좀처럼 돌려보내지 않을 모양이니 너희들은 그만 돌아가도록 하라."

업현의 관리와 백성들은 매우 놀라고 두려워하여 그 뒤부터는 하백을 위해 신부를 보낸다는 따위의 소리는 아무도 입 밖에 내지 못하였다.

신숙시와 서문표는 이처럼 남들이 미처 생각하지 못한 새로운 방법으로 문제를 해결하였다. 윌리엄 더건(William Duggan)은 《제7의 감각》에서 남들이 생각지 못한 방법을 생각해 내는 능력을 '전문가 직관'과 '전략적 직관'으로 나눴다. 그리고 두 가지의 다른 점을 이렇게 설명했다.

전문가 직관은 오랜 경험이 필요하고 익숙한 상황에서 빠르게 결정할 수 있도록 돕는다. 하지만 약점이 있다. 전혀 새로운 상황에 맞닥뜨리거나 미래를 예측할 때 무용지물이 될 수 있다. 이때 필요한 것은 전략적 직관이다. 전문가 직관은 항상 빠르다. 그리고 익숙한 상황에서 작동한다. 전략적 직관은 항상 느리다. 좋은 아이디어가 필요한 새로운 상황에서 작동한다. 이러한 상이는 결정적이다. 전문가 직관은 전략적 직관의 적이 될 수 있기 때문이다. 우리는 자신이 하는 일에 능숙해질수록 비슷한 문제들을 더 빨리 해결할 수 있는 패턴을 인식하게 된다. 전문가 직관은 바로 그런 식으로 작동한다. 그런데 새로운 상황에서 우리의 뇌가 좋은 해답을 찾기 위해 새로운 연결을 만들기까지는 시간이 훨씬 더 오래 걸린다. 섬광 같은 통찰력은 한순간에 일어나지만 그 순간이 찾아오기까지 몇 주일이 걸릴 수도 있다. 무작정 서두른다고 그것을 얻어낼 수는 없다.

더건은 전략적 직관의 작동방식을 설명하며 카알 폰 클라우제비츠(Carl von Clausewitz)가 《전쟁론》에서 언급한 '섬광 같은 통찰력'을 끌어온다. 더건은 인류 역사에서 가장 위대한 업적 중심에는 섬광 같은 통찰력이 있었다고 주장한다. 혁신가들이 혁신을 발견하는 것, 예술가들이 창조적인 아이디어를 얻는 것, 선구자들이 비전을 얻는 것, 과학자들이 과학적인 발견을 하는 것 등 좋은 아이디어가 인간의 머릿속에 떠오를 때는 언제나 이것이 있었다는 것이다. 클라우제비츠의 《전쟁론》에 따르면, 섬광 같은 통찰력은 훌륭한 장군들의 사고 작용에서 가장 중요한 요소다. 이것은 갑자기 찾아오는 번뜩이는 아이디어 같은 것이다. 전쟁은 불확실의 세계라 진실을 꿰뚫어 보기 위해서 세련되고 날카로운 이성의 판단력이 필요하다는 것이다. 그의 이야기를 직접 들어보자.

전쟁은 우연의 세계다. 인간 활동 중에서 전쟁만큼 우연의 여지가 많은 활동도 없을 것이다. 왜냐하면 어떤 인간 활동도 전쟁만큼 모든 측면에서 우연과 끊임없이 접촉하지는 않기 때문이다. 우연은 상황의 불확실성을 키우며 사건의 진행을 방해한다.

정보나 가정이 불확실하며 끊임없이 우연히 끼어들기 때문에 전쟁 당사자는 처음 예상과 다른 상황을 맞닥뜨리게 되고, 이것이 계획이나 구상에 영향을 미칠 수밖에 없다. 이 영향이 이미 수립한 계획을 뒤집을 만큼 크다면 대개 새로운 계획을 세워야 할 것이다. 그런데 새로운 계획을 세우기 위한 자료가 부족할 때가 자주 있다. 왜냐하면 보통 행동하는 동안에 여러 가지 상황이 신속한 결단을 다그치며 상황을 차분히 돌아볼 여유를 주지 않기 때문이다.

심사숙고할 시간이 전혀 없는 경우도 자주 있다. 일반적으로 생각을 바꾸고 우연히 들이닥친 상황을 파악하는 것으로는 이미 세운 계획을 모조리 뒤집을 수 없으며 그건 단지 그 계획을 흔들기만 할 뿐이다. 상황 정보는 늘어나지만 불확실성은 그 때문에 오히려 더 늘어난 셈이다. 원인은 우리가 이런 경험을 한꺼번에 하는 게 아니라 조금씩 점차로 하기 때문이고 우리 결단이 그런 새로운 경험에게서 끊임없이 습격을 당하기 때문이며, 그래서 정신이 늘 전투를 준비하고 있어야 하기 때문이다.

클라우제비츠는 전쟁처럼 예상치 못한 문제가 끊임없이 일어나는 상황을 성공적으로 이겨내려면 통찰력이 필요하다고 주장한다. 편견에 사로잡혀 보고 싶은 것만 보고, 듣고 싶은 것만 봐서는 통찰력을 발휘할 수 없다. 위나라 대부들과 초회왕이 그랬다. 진진, 유경, 초장왕, 신숙시, 정약용은 다른 사람과 같은 것을 보더라도 거기에서 특별한 것을 발견하는 능력이 있었다.

지독하게 속이면
내가 곧 속고 만다

나를 잘 아는 사람은 누구일까? 나 자신일 것이다. 다음은 가족, 그 중에서도 배우자가 아닐까 싶다. 가족은 속일 수 있지만, 자기 자신을 속이는 일이 가능할까? 행동경제학자 댄 애리얼리(Dan Ariely)는 "반복하여 거짓말을 하면 뇌가 거짓말에 덜 반응하게 되고, 점점 자신의 거짓말을 믿기 시작한다"라고 했다. 지독하게 속이면 자신도 속고 만다는 말이 사실이라는 것이다.

언론에 비치는 유명 인사들의 거짓말하는 모습을 보노라면 자신조차 속고 있는 게 아닐까 하고 생각할 때가 있다. 그렇지 않고야 어떻게 낯뜨거운 거짓말을 시치미 뚝 떼고 할 수 있단 말인가. 김수영 시인의 〈성(性)〉은 이런 면을 정확하게 짚어냈다.

그것하고 하고 와서 첫 번째로 여편네와
하던 날은 바로 그 이튿날 밤은
아니 바로 그 첫날밤은 반 시간도 넘어 했는데도
여편네가 만족하지 않는다
그년하고 하듯이 혓바닥이 떨어져 나가게

물어 제끼지는 않았지만 그래도
어지간히 다부지게 해줬는데도
여편네가 만족하지 않는다
이게 아무래도 내가 저의 섹스를 개관(槪觀)하고
있는 것을 아는 모양이다
똑똑이는 몰라도 어렴풋이 느껴지는
모양이다

나는 섬찟해서 그전의 둔감한 내 자신으로
다시 돌아간다
연민의 순간이다 황홀의 순간이 아니라
속아 사는 연민의 순간이다

나는 이것이 쏟고 난 뒤에도 보통 때보다
완연히 한참 더 오래 끌다가 쏟았다
한 번 더 고비를 넘을 수도 있었는데 그만큼
지독하게 속이면 내가 곧 속고 만다

– 〈성〉, 김수영

민망하고 눈에 거슬리는 단어들, 특히 여성을 비하하는 단어는 논외로 치고 여기서는 위선과 거짓에 초점을 맞춰보자. 우리는 인생을 살며 남에게 완벽하게 속을 때도 있지만, 알면서 속아주기도 한다. 살다 보면 그럴 수도 있지, 하며 이해하고 넘어갈 때도 많다. 위의 시에서도 화자의 아내가 알면서 속아주는 모습이다. 아내는 '똑똑이는 몰라도 어렴풋이 느껴지'지만 따지지 않고 속아준다는 사실을 화자도 안다. 이 순간은 '연민의 순간이다 황홀의 순간이 아니라/속아 사는 연민의 순간이다.' 사실 오래 산 부부는 그런 관계일 수 있다. 서로 불쌍하고 가련하게 느끼고, 미운 정 고운 정 들며 그렇게 사는 것이다.

엄경희는 〈현대시의 발견과 성찰〉에서 이 시를 이렇게 평해 놓았다.

이 시의 초점은 '그녀'하고 외도를 하고 온 나의 기만적이고 위선적인 상태를 드러내는 데 있는 것이 아니라, 기만적이고 위선적인 나를 의식하고 나의 자의식을 드러내는 데 있다. (중략) 시인은 자기 위선과 기만을 반성으로 이끌고 있다. 그런 의미에서 이 시의 마지막 구절 '지독하게 속이면 내가 속고 만다'라는 표현은 매우 의미심장하다. 남을 속이는 것이 곧 자기를 기만하는 일이라는 사실을 말하는 것이다.

앞 글에서 이사가 탄식하는 장면을 다시 생각해 보자. 이사는 걸왕이 관용봉을, 주왕이 비간을, 부차가 오자서를 죽인 일을 예로 들며, 세 신하가 충성을 다 바쳤지만 죽은 이유는 충성을 받을 만한 군주가 못되었기 때문이라고 탄식한다. 그러면서 자신이 충성했지만 죽는 이유는 2세 황제가 충성을 받을 만한 군주가 아니기 때문이라고 생각한다. 더욱이 2세 황제가 '자기 형제들을 죽이고 스스로 즉위했고, 충신을 죽이고 미천한 자를 귀하게 여기며, 아방궁을 짓느라고 천하 백성들에게 세금을 징수'했지만 '직언하지 않은 것이 아니라, 그가 나의 말을 듣지 않았을 뿐'이라고 강변한다. 이사를 보면 자신을 타인이라고 생각하는 리플리 증후군이 아닌가 생각한다.

리플리 증후군이란 말은 미국 작가 퍼트리샤 하이스미스(Patricia Highsmith)가 1955년에 출간한 소설, 《재능 있는 리플리 씨》에서 따왔다. 리플리는 어린 시절 부모를 여의고 집도 없고 직업도 없는 빈털터리로 사는 불우한 청년이지만, 타인을 흉내 내는 재주를 지니고 있었다. 리플리는 이탈리아에서 부유하게 사는 디키를 부러워한 나머지 가난하고 보잘것없는 자신의 존재를 지워버리기 위해 디키를 살해하고, 스스로 디키가 되어 살아간다.

자신의 약점이나 안 좋은 환경을 감추기 위해 외국 명문대를 졸업하고 번듯한 직업을 가진 사람처럼 타인을 속이고 반사회적 범죄를 저지르는 사람들이 있다. 이렇게 연극하는 삶이 자연스러운 것을 보면 위에서 언급한 댄 애리얼리의 말이 사실이다. 습관적으로 거짓말을 하면 뇌가 덜 반응하게 된다는 말은 무슨 말일까? 거짓말에 무뎌지면서 망설임이나 죄책감 따위조차 없어진다는 뜻이다. 점점 심해지면 자기 자신도 거짓말을 믿게 된다는 사실이 끔찍하다. 지나친 위선과 거짓은 자신마저 속이게 되고, 결국 파멸의 구렁텅이로 빠진다. 우리는 역사에서 이 사실을 똑똑히 확인할 수가 있다.

사소한 약속을 어겨 잃게 된 왕위

사소한 약속을 어겨 자리에서 쫓겨난 왕이 있었다. 본래 제(齊)나라 양공은 연칭과 관지보로 하여금 규구라는 변방에서 국경을 수비하도록 했는데, 기간은 오이가 익을 때쯤 갔다가 다음 해 오이가 익을 때쯤 교대하는 것이었다. 그러나 일 년이 되어 오이가 익을 때가 지났는데도 양공은 교대할 군사를 보내지 않았다. 어떤 사람이 그들을 위해서 교대해 줄 것을 청하였으나 양공은 허락하지 않았다. 결국 두 사람은 노여워하여 공손무지를 통하여 반란을 도모했다. 연칭에게는 궁녀로 있지만 총애를 받지 못한 사촌 여동생이 있었는데, 연칭은 여동생을 시켜 양공의 상황을 살피게 하였다. 그러면서 약속을 했다.

"일이 성공하기만 하면 너는 공손무지의 부인이 된다."

12월 초에 양공은 고분에 놀러 갔다가 패구까지 사냥을 나갔다. 양공의 시종이 멧돼지를 보고 말했다.

"팽생입니다."

양공이 노여워하여 멧돼지를 쏘니, 멧돼지가 사람처럼 서서 울었다. 양공은 일순 두려움을 느끼며 수레에서 떨어져 발을 다치고 신발도 잃어버렸다. 공손무지, 연칭, 관지보는 양공이 상처를 입었다는 소식을 듣고 곧 무리를 이끌고 궁을 습격하여 양공을 시해하고, 공손무지가 제나라 임금이 되었다.

왕은 변방 국경을 수비하는 일이 사소하다고 생각할 수도 있다. 그러나 멀고 낯선 곳에서 가족과 떨어져 지내야 하는 당사자들에게는 모든 것이 불편하다. 그래도 연칭과 관지보는 '일 년만 버티면 되니까 조금만 참자'라는 마음으로 기다렸을 것이다. 그런데 일 년이 지나도 교대해 주지 않으니 마음이 상했다. 임금에게는 사소한 일이지만, 연칭과 관지보에게는 얼마나 기다리던 일인가. 결국 양공은 약속을 지키지 않아 왕위까지 빼앗겼다. 반면 약속을 아주 중요하게 생각한 사람도 있었다.

증자의 아내가 시장에 가는데, 아들이 따라오며 울자 이렇게 말했다.

"돌아가거라. 시장에서 돌아오면 너에게 돼지를 잡아주마."

증자의 아내가 마침 시장에서 돌아왔을 때, 증자가 돼지를 잡으려고 했다. 그러자 아내는 만류하며 말했다.

"단지 아이를 달래려고 한 말일 뿐입니다."

증자가 말했다.

"아이는 거짓말 상대가 아니오. 아이는 지식이 없으므로 부모에게 기대어 배우고, 부모의 가르침을 듣소. 지금 아이를 속이면, 이것은 아이에게 거짓말을 가르치는 것이오. 어머니가 아들을 속이면, 아들은 그 어머니를 믿지 않을 것이오. 이것은 자식을 올바로 가르치는 방법이 아니오."

그러고는 돼지를 잡아 삶았다.

위(魏)나라 문후(文侯)가 우인(사냥터를 돌보는 관리)과 사냥을 가기로 약속해 놓고 있었다. 마침 그날 잔치가 벌어져 즐거운데다 비까지 내렸다. 그런데도 문후가 나가려고 하자 좌우가 물었다.

"오늘 주연이 이렇게 즐겁고 비까지 내리는데, 공께서는 그래도 나가시려고 합니까?"

이에 문후가 이렇게 대답했다.

"내가 우인과 사냥을 약속하였는데, 노는 것이 더 즐겁다고 어찌 한 번 맺은 약속을 저버릴 수 있겠는가?"

그러고는 나서서 몸소 우인에게 사냥 약속을 미루고 돌아왔다. 위나라는 이때부터 강성해지기 시작했다.

두 이야기는 신의가 무엇인지 잘 보여준다. 증자의 아내는 시장을 따라오는 아들을 돌려보내기 위해 순간을 모면하려는 생각에 돼지를 잡아주겠다고 약속을 했다. 이런 약속은 대개 건성으로 하는 것이라 금세 잊어버리기 마련이다. 그러나 증자는 결국 돼지를 잡았다.

또한 위나라 문후가 사냥터 관리인과 한 약속은 그리 중요한 약속이라고 볼 수 없다. 아랫사람을 시켜 사냥 약속을 뒤로 미루겠다고 전해도 될 일이다. 그러나 문후는 손수 찾아가 약속을 미루고 왔다. 약속을 지키는 일이 얼마나 중요한지 아는 사람인 것이다. 이후부터 위나라는 강성해졌다고 하니 신뢰가 갖는 힘이 얼마나 큰지 잘 보여준다. 알면서 속아주는 일은 잘 일어나지 않는다. 한 이불 쓰는 배우자나 가능한 일이다. 단지 신뢰를 잃을 뿐이다.

하나씩
내려놓으면서

영국과 프랑스 간 백년전쟁(1337~1453)이 발발하자 양국 사이 가장 가까운 프랑스 항구도시 칼레는 영국군에게 집중 공격을 받았다. 칼레 사람들은 시민군까지 조직하여 치열하게 맞섰지만 역부족이었다. 영국왕 에드워드 3세는 항복 조건을 제시했다.

"시민 대표 6명을 뽑아 대신 처형하겠다."

이때 시민을 대표해서 고위 관료와 부유층 인사 6명이 자원했다. 이들은 목에 밧줄을 걸고 맨발에 자루 옷을 입은 채 영국 왕 앞으로 나갔다. 지금 칼레에 있는 로댕의 조각상과 같은 모습이다. 사형을 집행하려는 순간, 임신 중이던 왕비가 처형을 만류했다. 이들을 죽이면 태아에게 불행한 일이 닥칠지도 모른다는 이유였다. 왕은 고심 끝에 시민 대표들을 풀어주었고, 6명은 칼레의 영웅이 되었다. 문득 도종환 시인의 〈단풍 드는 날〉이 생각난다.

버려야 할 것이 무엇인지를
아는 순간부터 나무는
가장 아름답게 불탄다

제 삶의 이유였던 것

제 몸의 전부였던 것

아낌없이 버리기로 결심하면서

나무는 생의 절정에 선다

방하착(放下着)

제가 키워 온 그러나

이제는 무거워진 제 몸

하나씩 내려놓으면서

가장 황홀한 빛깔로

우리도 물이 드는 날

―〈단풍 드는 날〉, 도종환

나무는 이파리에서 흡수한 이산화탄소와 뿌리에서 올린 물이 햇볕을 받으면 영양분으로 전환한다. 광합성 작용이다. 나뭇잎이 푸른 이유는 엽록체 때문인데, 이 곳에서 광합성이 일어난다. 광합성은 강한 빛을 받을수록 양이 증가한다. 겨울이 다가올수록 빛의 세기는 약해지고 마침내 나뭇잎은 더는 광합성 작용을 하지 못한다. 나무 입장에서 보면 나뭇잎은 영양분을 만들어내지 못하고 도리어 축내니 필요 없는 존재다. 나무는 생존을 위해 나뭇잎을 버린다.

월나라 구천을 도와 오나라를 멸한 범려야말로 아주 잘 버린 사람이었다. 범려는 생의 절정에 섰다고 생각하는 순간, 아낌없이 버렸다.

범려는 원래 초나라 사람이었다. 가난한 집안에서 태어났으나 박학다식하고 재능이 많아 고을 현령이던 문종과 교류했다. 당시 초나라는 귀족이 아니면 출세하기가 힘들었다. 범려는 문종과 함께 월나라로 망명하여 월왕을 섬기기 시작하면서 대부라는 직책에 올랐다. 월왕이 오나라와의 전투에서 부상으로 죽자 아들 구천이 그 뒤를 이었고, 범려와 문종은 구천의 책사가 되었다.

월왕 구천은 아버지 유언대로 복수를 하기 위해 오나라를 침공했으나, 패하고 오히려 오나라의 볼모가 되는 조건으로 화해를 요청하였다. 이때 범려는 구천을 따라 관리 300명을 이끌고 오나라로 들어갔다. 구천은 오왕 부차의 수레를 끄는 말의 고삐를 잡으며 굴욕적인 오나라 생활을 시작한다. 힘이 없다고는 하지만 그래도 어엿한 일국의 왕이었던 구천이 이런 굴욕적인 삶을 참고 견딘 이유는 범려를 믿었기 때문이다.

시간이 흘러 마침 부차가 병에 걸리자 범려가 구천에게 제안했다.

"오왕은 이 병으로 분명 죽지는 않을 것입니다. 이제 곧 좋아질 것이니 대왕께서는 유의하소서."

"내가 이렇게 궁한 지경에 빠지고도 죽지 않음은 공의 계책을 믿기 때문이오. 숨기지 말고 모두 말해주구려. 되든 안 되든 공의 뜻대로 다 하겠소."

"신이 오왕을 자세히 살펴보니 정말 사람이 아니었습니다. 입으로는 걸핏하면 성탕(상나라의 창시자)의 의를 뇌까리나, 행동은 따라가지 못하는 자입니다. 대왕께서는 가서 병을 살펴보겠다고 청하십시오. 허락이 떨어지면 오왕의 똥을 얻어다가 맛을 보고 안색을 살핀 후, 죽지 않는다며 축하하고 병이 나을 날짜를 찍어 주시기 바랍니다. 대왕께서 날짜를 맞춰 신뢰를 얻으면 걱정할 일이 무엇이겠습니까?"

그리고 백비를 통해 알현할 기회를 얻었다. 구천은 대소변을 찍어 맛본 후 기뻐하며 축하를 올렸다.

"천한 죄인 구천이 대왕께 축하드립니다. 대왕의 병은 사일(巳日)에 좋아져서 3월 임신일이면 완쾌됩니다."

부차는 의아해서 물었다.

"어찌 그대가 그것을 아는가?"

"소신이 일찍이 스승을 모신 적이 있사온데, 변 맛보는 법을 배웠사옵니다. 대변은 곡식 맛을 따르니, 변 맛이 곡식이 나는 시절의 맛을 따르면 좋고 거스르면 죽는다고 합니다. 지금 대왕의 변을 맛보니 맛이 쓰고 십니다. 이 맛은 응당 봄과 여름의 기에 순응합니다. 그러니 제가 안 것입니다."

부차는 감탄했다.

"그대는 정말 어진 사람이오."

과연 오왕의 병이 나았다. 부차는 이로 인해 구천을 더는 의심하지 않고 돌려보낼 마음을 품게 된다. 약 3년 만에 범려는 구천과 함께 귀국했다. 월나라로 돌아온 구천은 치욕을 갚기 위해 이를 갈았다. 마음이 나태해질까 염려해 장작더미에서 잠을 자고, 머리맡에 쓸개를 달아 놓았다. 와신상담(臥薪嘗膽)의 유래다. 앉으나 서나, 밥을 먹거나 잠을 잘 때마다 쓰디쓴 쓸개를 핥으며 말했다.

"너는 지난날 회계산의 치욕을 잊었느냐?"

구천은 직접 밭을 갈아 농사짓고, 부인은 직접 길쌈질을 했으며, 음식으로는 고기를 먹지 않고, 옷을 화려하게 입지 않으며, 몸을 낮추고, 어진 사람에게 겸손하고, 손님을 후하게 접대하며, 가난한 사람을 돕고 죽은 자를 애도하며 백성들과 더불어 수고로움을 함께 했다. 구천과 범려는 아주 짧은 시간에 월나라를 강국으로 만들었다. 신하들이 좋은 계책을 올리면 그대로 시행하면서 의심하거나 물러나지 않았다.

월나라가 첫 번째 시행한 정책은 인구 증가책이었다. 당시 월나라는 너비가 100리에 지나지 않았다. 사방이 소택지라 수도 근처에서는 정전제를 시도할 엄두도 낼 수 없었다. 그러나 남방은 소택지에 벼를 심고, 사철 물고기를 잡을 수 있고, 또 풀이 무성하니 개나 돼지 등의 가축을 키우기 좋았다. 월은 땅이 작은 단점을 인구로 보충하여 국력을 키우는 정책을 썼다.

마침내 오나라가 빈틈을 보이자 월나라는 가차 없이 공격해 들어갔다. 이번에는 거꾸로 월나라가 오나라 수도 고소성을 포위해 부차에게 항복을 받았다. 지난날의 치욕을 씻자, 구천은 부차를 귀양 보내 그곳에서 여생을 마치게 하려 했다. 하지만 부차는 구천의 호의를 뿌리치고, 스스로 목을 베고 죽었다.

오나라 멸망 후 범려는 구천이 어려운 일은 함께 했어도 공을 나누지 못하는 성격임을 알고 오래 함께 하기 어렵다고 판단했다. 이에 모든 것을 버리고 월나라를 떠난다. 범려는 제나라에서 문종에게 편지를 보내 "날던 새가 다 잡히면 좋은 활은 감추고, 약은 토끼가 죽으면 사냥개는 삶기는 법이오. 월왕은 목은 길고 입은 뾰족하여 근심과 어려움은 함께 해도 즐거움은 함께 하지 못하는 사람이오. 그대는 어째서 떠나지 않소?" 하고 재촉했다.

문종은 편지를 보고는 병을 핑계로 조정에 들어가지 않았다. 누군 가 문종이 난을 일으키려 한다고 중상하자, 구천은 문종에게 바로 검을 내리며 자살을 종용했다.

"그대는 과인에게 오나라를 정벌할 일곱 개 방법을 가르쳐 주었다. 과인은 그중 세 가지만 사용하여 오나라를 물리쳤다. 나머지 넷은 그 대에게 있으니 그대는 나를 위해 선왕을 따라가서 그것을 시험하도록 하라."

이 말을 들은 문종은 스스로 목숨을 끊었다. 범려는 스스로 이름 을 치이자피(말가죽으로 만든 술 부대)로 바꾸고, 사업에 종사하여 재물을 크게 모았다. 모은 재산을 모두 사람들에게 나누어 준 후, 도 땅으로 가서 호를 도주공이라 하고 장사를 크게 하였다. 수만금을 모아 대부 호가 된 범려는 자신이 번 재물을 사람들에게 세 번이나 흔쾌히 베풀 었다.

범려처럼 하기는 사실 쉽지 않다. 범려가 대단한 이유는 두 가지 다. 먼저 목표를 이루고 나서 열매를 따 먹지 않고 홀연히 떠난 것, 정 말 어려운 일이다. 우리는 킹메이커라고 하는 자들이 대통령을 만들고 나서 권력에 빌붙어 전리품을 챙기는 모습을 너무도 많이 봐 왔다. 꿈 을 위하여 고난을 감수하고 드디어 고지에 올랐는데, 그때 욕심을 버 리는 것은 보통 사람으로서는 불가능한 일이다. 그러나 범려는 '제 삶 의 이유였던 것/제 몸의 전부였던 것'을 '아낌없이 버리기로 결심하면서' 기꺼이 떠났다.

둘째는 노블레스 오블리주의 실천이다. 가진 자가 먼저 베풀고 먼저 행동하고 먼저 희생하는 정신을 범려는 실천했다. 월나라가 전쟁에서 패하자 몸소 구천과 함께 오나라로 들어가서 3년 동안 굴욕을 당했다. 큰 재물을 모은 후에는 그것을 모두 나누어 주었다. 그것도 세 번씩이나, 흔쾌히.

물고기 입장이 되어보는 일

역사를 보면 리더가 백성이 좋아하는 일을 하는 나라는 부강해지고, 백성이 싫어하는 일을 하는 나라는 멸망하였다. 백성이 싫어하는 일을 하여 쫓겨나거나 살해당하는 리더도 많았다. 백성을 위한 정치는 나라에도 좋고 리더에게도 좋고 백성에게도 좋은 일석삼조다. 김명인의 〈물고기 입장〉을 감상해보자.

오랫동안 낚시를 다녔지만, 나는
물고기 입장에는 서본 적이 없다
시에 어울리지 않는 호사라 힐난받을 때도
경청의 수심에서 만선을 이룬 베드로도 있는데 뭘
잡은 물고기니까 정성껏 다뤘을 뿐,
포식(捕食)은 인류의 습성이며
포획은 직립의 근거라 주장했다
점령군이 포로를 연민하는 것도 어쩔 수 없는 감정
바다 밑을 배회하는 물고기, 미끼를 앞에 두고
조바심치는 물고기, 죽음을 물고

달아나는 물고기, 수족관에 갇혀 갑갑한 물고기

미각이 고등동물의 속성이듯

해류를 건디는 것도 숙명이라 생각했다

물고기가 버둥거려 타자의 고통이 파다할 때도

손끝을 타고 오는 전율에 신이 나서

도막 내는 살과 뼈가 모두 육체성은 아니라고

선선히 낚싯줄을 잡아챘다

생명을 건 사투 끝에 끌려오는 물고기 입장이라니!

설마 세 치 혀로 상대를 옭매는 것이 낚시질보다

인간적이라 주장하려는 건 아니겠지?

나는 나대로의 물고기를 새길 뿐,

— 〈물고기 입장〉, 김명인

낚시꾼이 낚싯바늘로 물고기를 꼼짝 못 하게 만들 듯, 리더는 권력으로 백성을 옭아맬 수 있다. '물고기가 버둥거려 타자의 고통이 파다할 때도/손끝을 타고 오는 전율에 신이 나'듯, 백성의 고통은 아랑곳하지 않고 권력으로 치부해 국정 농단에 열을 올린다면 나라 꼴이 어찌 되겠는가? 《사기》〈세가〉에 나오는 두 왕을 비교해 보자.

제(齊)나라 경공(頃公)은 원유(苑囿, 임금의 전용 사냥터)의 금령을 느슨하게 하고 세금을 줄이고, 외로운 자를 구휼하고 병든 이들을 위문하고 쌓아둔 곡식 창고를 비워 백성들을 구제하니 백성들이 기뻐했다. 제후들에게도 예를 다했다. 경공이 죽을 때까지 백성들이 따랐고 제후들도 쳐들어오지 않았다.

-《사기》제태공 세가-

양나라 왕(양백)은 토목공사를 좋아하여 성벽을 쌓고 큰 도랑을 만들자 백성들이 지쳐 원망하게 되었고, 여러 차례 자기들끼리 동요하며 말하였다.

"진(秦)나라 도적들이 쳐들어오게 될 것이다."

백성들은 두렵기도 하고, 의심스럽기도 하였다. 결국 진나라가 양나라를 멸하였다.

-《사기》진(晉) 세가-

역사에는 제나라 경공과 같은 임금도 있고, 양나라 양백 같은 왕도 있었다. 흥망성쇠는 누구를 위해 정치 권력을 사용하느냐에 달려 있다. 권력을 사사로이 사용한 경우에는 최후가 비참하다. 2,700년 전 제나라로 돌아가서 양공과 환공을 비교해보자. 정치 권력을 어떻게 사용하느냐에 따라 결과가 하늘과 땅 차이였음을 알 수 있다. 먼저 양공의 인물됨을 살펴보자.

반대편을 끌어안은 통 큰 임금, 제환공

양공이 즉위하자마자 한 일은 개인적인 복수였다. 태자 때 무지(無知)와 싸운 적이 있던 터라 무지의 녹봉과 옷가지에 대한 우대를 강등했다. 이로 인해 무지는 원한을 품었다.

양공은 노나라 왕을 죽이고, 그 부인과 사사로이 간통했으며, 옳지 않은 일로 여러 사람을 죽였다. 부인들과 음탕한 짓을 저지르고 대신들을 자주 기만했다. 동생들은 화가 자신들에게까지 미칠까 두려웠다. 그래서 둘째 동생 규(糾)는 어머니의 고향 노나라로 달아났다. 어머니가 노 왕의 딸이었고, 관중(管仲)과 소홀(召忽)이 그를 보좌했다. 다음 동생인 소백(小白)은 거(莒)로 도망쳤는데, 포숙(鮑叔)이 그를 보좌했다. 소백의 어머니는 위(衛) 왕의 딸로서 희공(釐公)의 총애를 받았다.

결정적인 일은 대부 관칭과 관지보와 약속을 하고 지키지 않은 것이다. 이 일로 양공은 그들의 원한을 샀다. 그 결과, 관칭과 관지보는 무지를 앞세워 반란을 일으켜 양공을 죽였다. 그리고 무지가 왕위에 올랐다. 양공은 권력을 사사로운 복수에 사용하고, 신하와 한 약속을 어겨 원한을 샀기 때문에 죽임을 당했다.

왕이 된 후 무지는 옹림으로 놀러 갔다. 일찍이 무지에게 원한을 품고 있던 옹림 사람이 무지가 놀러 오자 그를 습격하여 죽였다. 그리고는 제나라 대부에게 "무지가 양공을 시해하고 자신이 그 자리에 올랐기 때문에 신이 삼가 처단한 것입니다. 대부께서 다시 공자 중 세워야 할 자를 세우면 명에 따르겠습니다"라고 했다.

왕위를 이을 사람은 양공의 동생 규와 소백뿐이었다. 밖에 나가 있던 이들 중 먼저 제나라로 돌아가는 사람이 왕이 될 수 있었다. 소백은 어려서부터 대부 고혜를 아주 좋아했다. 옹림 사람이 무지를 죽이고 왕을 옹립하는 일을 논의하자, 고혜와 국의중이 앞장서서 소백을 몰래 불렀다.

노나라도 무지가 죽었다는 소식을 듣고는 군대를 보내 공자 규를 호송하고, 관중에게는 따로 병사를 이끌고 가 거로 통하는 길을 막게 했다. 거기서 관중이 소백에게 활을 쏘았는데, 허리띠 쇠 장식에 맞았다. 소백은 죽은 척하였고, 관중은 사람을 시켜 이를 노나라에 알렸다. 규를 호송하는 노나라 행렬은 엿새 만에 제나라에 이르렀다. 하지만 소백은 허리띠 쇠 장식에 화살을 맞고 죽은 척한 후 잠잘 수 있는 수레를 타고 곧장 내달렸다. 그리고 고혜와 국의중이 안에서 호응하여 소백이 먼저 들어가 즉위하니 그가바로 환공(桓公)이다.

환공이 대단한 것은 자신을 죽이려고 한 관중을 품었다는 사실이다. 환공이 즉위한 후 군대를 내어 노나라를 칠 때만 해도 그는 관중을 죽이려는 마음이었다. 그때 포숙아가 이렇게 말했다.

"신이 다행히 주군을 따랐는데, 주군께서 마침내 즉위하셨습니다. 주군의 존엄함에 저는 더 보탤 것이 없습니다. 주군께서 제를 다스리시려면 고혜와 이 숙아로 충분합니다. 그러나 주군께서 패왕(霸王)이 되고 싶으시다면 관중이 아니면 안 됩니다. 관중이 머무르는 나라가 큰 나라가 될 것이니 그를 잃어서는 안 됩니다."

패자의 의미는 뭘까? 기원전 11세기 주나라 무왕(武王)은 은(상)나라를 멸하고 주(周)나라를 세운 후, 왕족과 공신들에게 땅을 나누어 주고 다스리게 했다. 봉건국가의 탄생이다. 그러나 기원전 841년 주의 쇠퇴를 알리는 국인반정으로 주 왕실은 힘을 잃게 되었고, 이때부터 춘추시대가 시작한다. 처음에는 다들 고만고만한 나라였지만, 세월이 지나며 강한 나라들이 약한 나라들을 병탄하기 시작했다. 주 왕실의 힘은 점점 약해지고 제후국 중에 절대 강자가 나타나기 시작했으니,

사가들은 그들을 '춘추오패'라고 부른다.

춘추시대에 패자가 되는 데는 몇 가지 조건이 있다. 첫째는 국력이 강해서 다른 나라를 무력으로 굴복시킬 수 있어야 한다. 둘째는 존왕양이(尊王攘夷)다. 말 그대로 천자인 주왕을 존중하고, 사방 이민족들을 물리쳐 평화와 질서를 지킬 수 있어야 한다. 그 당시에는 동서남북으로 이민족들이 호시탐탐 중원을 노렸다. 특히 서쪽의 융족과 북쪽의 적족은 수시로 중원에 있는 나라를 괴롭혔다. 셋째는 춘추 질서 유지다. 나라 간 분쟁을 해결하고, 명분 없이 약소국을 힘으로 제압하지 않아야 한다. 그러니까 패자는 춘추시대 열국 가운데 최강자라는 뜻이다.

환공은 포숙아의 말에 따라 관중을 용서하고 등용했다. 관중을 포용한 제 환공은 춘추전국시대의 첫 번째 패자가 되었다. 관중은 재상이 되어 바닷가에 있던 작은 제나라를 화물이 서로 통하고 재화가 쌓이는 부유한 나라, 강한 군대를 가진 나라로 만들었다. 또한 관중은 백성과 좋고 싫음을 함께 했다. 백성이 원하는 정치를 한 것이다. 관중은 이렇게 말했다.

"창고가 차야 예절을 알고, 입고 먹는 것이 풍족해야 영예와 치욕을 알며, 위에서 법도를 지키면 육친이 굳건해진다. 예의와 염치가 느슨해지면 나라가 망한다. 아래로 내리는 명령은 물이 땅으로 흐르듯 민심에 따라야 한다."

이렇게 해서 말은 간결하고 실행은 쉬워졌다. 풍속이 하고자 하는 대로 그에 맞춰 주었고, 풍속이 원치 않으면 그에 따라 없애 주었다.

관중은 국정을 수행하면서 화가 될 것도 복이 되게 하고, 실패할 것도 성공으로 이끌었다. 물가를 중시했고, 거래를 중하게 처리했다.

제환공은 신하의 말에 귀를 기울였다. 포숙아 말을 듣고 관중을 등용하고, 관중의 말을 듣고 백성이 원하는 정치를 했다. 고집을 소신으로 착각하고, 자기 생각과 같은 사람만 등용하고, 반대편을 반국가 세력으로 인식해서는 나라도 리더도 불행한 결과를 낳을 뿐이다.

모든 소리들이
흘러 들어간 뒤

　5층에서 전주비빔밥 전문집을 하는 '춘원' 사장은 오전 9시에 가게 문을 열자마자 깜짝 놀랐다. 그리고 다급하게 관리실로 전화를 걸었다.

　"지금 식당 바닥이 갈라져 올라오고 천장도 내려앉았어요. 빨리 와서 좀 보세요."

　전화를 받은 직원은 바로 5층으로 달려갔다. 5층 기둥은 20센티미터 가량 금이 가 있었고, 천장은 뒤틀려 내려앉았다. '춘원'과 맞붙은 우동집 '현지'와 냉면집 '미전'의 천장도 가라앉고 있었다.

　오전 10시에 출근한 A동(북관) 4층 상품 의류부 직원도 건물 4-5층에서 들려오는 '뚝뚝, 드르륵' 소리와 함께 약 3분간 무거운 진동을 느꼈다. 보고를 받은 백화점 사장은 오전 11시쯤 시설 이사, 건축과 차장과 함께 5층 현장을 직접 눈으로 확인했다. 1시간쯤 지나자 '현지'와 '미전' 천장에서 물이 쏟아지고, 바닥이 내려앉기 시작했다. 결국 5층 식당가는 영업을 전면 중지하고 출입을 통제했다. 옥상 에어컨 가동과 5층 입주 업소에 가스 공급을 중지했다.

　이때라도 직원과 백화점 손님을 대피시켜야 했는데, 손실을 걱정한 경영진은 영업을 계속했다. 오후 3시나 되어서야 건축사무소 소장과 구조 기술자가 삼풍백화점에 도착했다. 붕괴 2시간 전인 오후 4시에는 임원 회의실에서 백화점 회장 주재로 2차 긴급 대책회의가 열렸다. 건축사무소 소장은 칠판에 건물 구조도를 그려가며 "점검 결과 건물 안전에 중대한 이상이 발견됐으니 빨리 긴급 보수를 해야 한다"며 "백화점 영업을 중지하고, 고객들을 대피시키라"고 경영진에게 권하였다. 하지만 붕괴 2시간 전, 회장은 "큰 위험이 없으니 영업을 계속하면서 보수 공사를 하자"고 최종 결정을 내렸다. 붕괴 징조가 있으나 영업을 강행한 것이다.

그러는 동안 백화점 매장에서는 1천여 명이 훨씬 넘는 고객과 종업원이 아무것도 모른 채 쇼핑과 영업에 열중했다. 5시 50분부터는 "모두 긴급히 대피하라"는 직원들의 외침이 5층에서 터져 나오기 시작했고, 건물이 '우르릉' 하는 소리도 들렸다. 몇몇 고객은 영문도 모른 채 대피했으나, 지하에 있던 많은 사람은 소리를 듣지 못했다.

결국 오후 5시 57분, 5층에서 가장 약한 기둥 2개가 무너지면서 건물 붕괴가 시작되었다. 곧바로 가장 얇은 5층 바닥과 천장이 동시에 무너지기 시작했다. 이때 백화점 5층 잔해와 콘크리트가 무너져 내리며 아래층을 차례대로 무너뜨리기 시작했고, 약 20초 만에 건물은 지상 5층에서부터 지하 4층까지 힘없이 무너졌다. 그리고 안에 있던 1,500여 명은 순식간에 잔해 속에 묻혀 버렸다.

이는 삼풍백화점 붕괴에 관한 이야기다. 삼풍백화점은 왜 무너졌을까? 전문가들이 진단한 첫 번째 원인은 무리한 구조 변경이다. 처음에는 지하 4층, 지상 5층짜리 종합상가로 설계했지만, 거의 다 지어졌을 무렵 갑자기 백화점으로 변경했다. 법률상 건물의 사용 용도에 따라 구조를 변경하려면 반드시 구조 전문가의 검토를 받아야 하는데, 삼풍백화점은 이를 무시하고 설계와 공사를 강행하였다.

두 번째 원인은 부실 시공이다. 종합상가에서 백화점으로 용도를 변경하는 과정에서 넓은 매장 공간을 확보하기 위해 관계자들은 상가 건물의 벽을 없애 버렸다. 본래는 벽과 기둥이 하중을 함께 버텨 줬는데, 벽이 사라지는 바람에 기둥이 모든 무게를 감당하게 된 것이다. 이외에도 삼풍백화점 붕괴는 철근과 콘크리트 부족, 불법적인 용도 변경, 기본적인 안전 무시 같은 요소들이 복합적으로 작용한 결과였다.

무슨 일을 하든 과정별로 최선을 다해야

건물을 짓는 일이나 묵을 만드는 일 모두 과정 하나하나 순서를 지키고 정성이 들어가지 않으면 제대로 만들어내지 못한다는 점에서는 매한가지다. 묵을 만들려면 재료 선별-앙금내기-끓이기-식히기-보관까지 제조 전 과정 하나하나에 정성을 기울여야 한다. 김선우 시인의 〈단단한 고요〉는 묵 만드는 과정을 소리로 표현했다. 모든 소리가 순서대로 차근차근 스며들어야 도토리묵 한모가 탄생한다.

마른 잎사귀에 도토리알 얼굴 부비는 소리 후두둑 뛰어내려 저마다 멍드는 소리 멍석 위에 나란히 잠든 반들거리는 몸 위로 살짝살짝 늦가을 햇볕 발 디디는 소리 먼 길 날아온 늙은 잠자리 채머리 떠는

소리 맷돌 속에서 껍질 타지며 가슴 둥당거리는 소리 사그락사그락
고운 뼛가루 저희끼리 소근대며 어루만져주는 소리 보드랍고 찰진
것들 물 속에 가라앉으며 안녕 안녕 가벼운 것들에게 이별인사 하
는 소리 아궁이 불 위에서 가슴이 확 열리며 저희끼리 다시 엉기는
소리 식어가며 단단해지며 서로 핥아주는 소리 도마 위에 다갈빛
도토리묵 한모

모든 소리들이 흘러 들어간 뒤에 비로소 생겨난 저 고요
저토록 시끄러운, 저토록 단단한,

—〈단단한 고요〉, 김선우

충남 논산의 연산시장에서 3대째 도토리묵 집을 하는 김성금(73)
씨는 기능성 도토리묵 제조과정으로 특허까지 받은 사람이다. 그만큼
도토리묵을 대하는 자세가 진지하다. 김 씨는 한국일보와 한 인터뷰에
서 묵 만드는 과정을 설명했는데, 정리하면 이렇다.

도토리묵은 서민 음식이고 흔하지만, 묵 쑤는 일은 아무나 못 한다.
묵을 만들기 위해서는 우선 햇볕에 바짝 말린 도토리와 상수리를
방앗간에서 빻는다. 겉껍질을 골라낸 뒤 곱게 갈아 2~3일간 여러
차례 물을 갈아주면서 담가 놓으면 쓴맛이 줄어든다. 녹말까지 걸
러내고 커다란 솥에 넣고 불의 강약을 조절하면서 끓인다.
끓는 묵을 커다란 나무 주걱으로 쉴 새 없이 저어 주지 않으면 바
닥에 눌어붙어 묵의 양이 줄고 탄내가 난다. 과거 탄내가 나는 묵을

시장에 내놓으면 "오늘 묵은 별루여" 하고 한마디씩 던졌고, 김 씨는 "이 집 묵은 한결같어"라는 말을 듣기 위해 뜨거운 여름에도 펄펄 끓는 솥 주변을 떠나지 않았다. 70년 묵을 쑤다 보니 바닥이 닳아 바꾼 솥의 개수는 기억이 나지 않을 정도다. 묵을 저을 때 사용하는 1m 길이의 대형 나무 주걱도 김 씨가 사용한 것만 수백 개다.

책 쓰는 과정도 묵을 만드는 과정과 비슷하다. 어떤 주제에 관한 책을 쓰기로 했으면 우선 그 주제에 맞는 정보를 모아야 한다.(재료 선별). 모은 정보 중에서 주제에 딱 맞는 핵심을 골라내는 과정(앙금내기)이 있다. 초고를 쓰는 과정(끓이기)이 있고, 초고를 고쳐 쓰는 퇴고 과정(식히기)이 있다. 원고를 책으로 편집하는 과정은 보관 과정이라고 봐도 무방하다. 보관을 잘해야 싱싱하고 맛있는 묵을 손님상에 올릴 수 있듯, 편집을 잘해야 독자가 읽기 좋은 책이 된다.

다산 정약용은 글을 지으려는 사람은 먼저 독서 방법을 알아야 한다고 강조하며 이를 우물 파는 과정에 비유했다.

우물 파는 사람은 먼저 석 자의 흙을 파서 축축한 기운을 만나게 되면, 또 더 파서 여섯 자 깊이에 이르러 그 탁한 물을 퍼낸다. 그리고 또 파서 아홉 자 샘물에 이르러서야 달고 맑은 물을 길어 낸다. 마침내 물을 끌어 올려 천천히 음미해보면, 그 자연의 맛이 그저 물이라 하는 것 이상의 그 무엇이 있음을 깨닫게 된다. 또다시 배불리 마셔서 그 정기가 오장육부와 피부에 젖어듦을 느낀다. 그런 뒤에 이를 펴서 글로 짓는다. 이는 마치 물을 길어다가 밥을 짓고, 희생을 삶고, 고기를 익히며, 또 이것으로 옷을 빨고, 땅에 물을 주어 어디든지 쓰지 못할 데가 없는 것과 같다. 고작 석 자 아래의 젖은 흙을 가져다가 부엌 아궁이의 부서진 모서리나 바르면서 우물을 판 보람으로 여기는 일은 절대로 없어야 할 것이다.

우리나라는 압축성장 과정에서 속도를 중시했다. 삼풍백화점과 성수대교 붕괴 사고는 순서를 무시하고 속도를 지나치게 중시한 것이 가져온 불행한 결과였다. 커다란 빌딩을 올리는 일이나 작은 묵을 만드는 일이나 책이나 글을 쓰는 일이나 규모가 다르고 성격이 다르지만, 완성하려면 순서대로 잘 진행해야 한다. 과정을 무리하게 건너뛰고 성과를 내기 위해 욕심을 부리면 반드시 그 대가를 치르게 마련이다. 중간에 뭐하나 삐끗하면 삼풍백화점이 무너져 내리듯 전체가 망가진다.

인생의 마무리,
죽음을 준비하는 방법

　누구나 한 번은 죽는다. 잘 사는 것만큼 잘 죽는 것도 중요하다. 어떻게 죽어야 잘 죽는 것일까? 역사서를 읽다 보면 사람 죽는 모습이 참 다양하다. 전장에서 싸우다 이름도 없이 죽어가는 사람, 살아서 부귀영화를 누리다가 죽을 때 처참하게 죽는 사람, 삶과 죽음 모두 명예로운 사람도 있다. 우리는 역사 속 죽음의 모습에서 무엇을 배울 수 있을까? 어떻게 살다 어떻게 죽어야 하는지 큰 깨달음을 얻을 수도 있다.

　죽음은 자명한 사실인데, 우리는 죽는다는 사실을 잊고 사는 것 같다. 억만 년 살 것처럼 권력을 쥐고, 억만 년 살 것처럼 재산을 모은다. 부귀를 누리다가 비참하게 죽는 사람이 많은 이유다. 한 사람만 떼어놓고 본다면 부귀영화를 누리다가 애도 속에 사망하면 잘 살고 잘 죽었다고 할 수 있다. 그러나 조직을 책임진 자리에 있는 사람은 다르다. 사후에도 조직이 문제없이 잘 유지되어야만 잘 죽었다고 평가할 수 있다. 필부의 죽음도 이럴진대, 한 나라 왕의 죽음은 어떨까? 먼저 손택수 시인의 〈마지막 목욕-죽음의 형식 1〉을 감상해보자.

외할머니 가시고 열흘 뒤에 아버지가 가셨다

상가에 모인 사람들에게 일일이 인사를 하고,

일곱 살 무렵 강에서 수영을 하다 죽을 뻔한

아들을 구해준 마을 삼촌들께도 다시 한번

고마움을 표하는 걸 잊지 않으며

술잔을 들던 모습이 내겐 아버지의 마지막 모습이다

돌아가시기 전 아버지가 마지막으로 한 일은 목욕이란다

눈앞에 닥친 죽음을 맞기 위해 아버지는

살아서의 버릇대로 혼자서 욕실에 들어가

구석구석 이승의 때를 밀었다

그러고 나서 달력 뒷장에 정갈한 필체로

'잘 살고 간다, 화장 뿌려, 안녕.'

한마디를 남겼다 아버지가 죽음을 기다리던 그 시간

술꾼의 아들답게 나는 만취해 있었는데

제일 먼저 당도한 막냇사위 말로는

아버지 등에 박혀 있던 못이 풀렸다고 한다

평생 빠질 것 같지 않던 손바닥 못도 풀려 있었다고 한다

못도 산 자에게 박히는 것, 허리가 굽었던 사람도

죽으면 몸이 곧게 펴진다고 하더니

한평생 지게꾼으로 산 양반

아들도 해드리지 못한 안마를 죽음이 해드린 것인가

장례를 마치고 후줄근하게 땀에 전 몸을 씻다가,

멀어져가는 호흡을 놓치지 않고 귀성길 준비라도 하듯

혼자서 마지막 의식을 치르시던 아버지의 고독한 밤이 생각났다

―〈마지막 목욕―죽음의 형식1〉, 손택수

화자의 아버지는 나름대로 죽음을 준비하셨다. '살아서의 버릇대로 혼자서 욕실에 들어가/구석구석 이승의 때를 밀었다/그러고 나서 달력 뒷장에 정갈한 필체로/'잘 살고 간다, 화장 뿌려, 안녕.'/한마디를 남겼다.' 인생의 마무리로서 이 정도면 괜찮다고 본다.

제환공 치세에 백성들은 잘살게 되었고, 제나라는 강국이 되었다. 환공은 춘추시대 패자가 되었고, 당대 최고 권력을 움켜줬다. 제환공이 스스로 밝힌 자신의 공적을 보자.

"과인은 남으로 소릉까지 정벌하여 웅산을 바라보았고, 북으로 산융, 이지, 고죽을 정벌했으며, 서로는 대하를 정벌해 유사를 건넜고, 말발굽을 싸고 수레를 매달아 태항산)에 오르고, 비이산에 이른 다음 돌아왔소이다. 과인을 거스르는 제후는 없소. 과인은 전쟁을 위한 회맹 세 차례, 평화를 위한 회맹 여섯 차례, 모두 아홉 차례 제후들과 회맹하여 천하를 한 번에 바로잡았소이다. 옛날 삼대가 천명을 받은 것과 이것이 무엇이 다르겠소? 나도 태산과 양보산에 올라 봉선 제사를 올리고자 하오."

태산과 양보산에서 올리는 봉선 제사는 무슨 의미일까? 태산 꼭대기에 흙으로 단을 쌓아 하늘에 제사하고 하늘의 공(功)에 보답하는 것

이 봉(封)이며, 그 태산 아래에 있는 작은 산의 땅을 평평하게 골라 땅의 공에 보답하는 것을 선(禪)이라고 한다. 이는 제왕이 하늘과 땅에 왕의 즉위를 고하고, 천하의 태평함에 감사하는 의식이다. 그러니까 봉선은 황제나 거행하는 예식이다. 주나라 황실이 존재하는데, 제후국왕이 봉선 제사를 할 수는 없다. 관중이 한사코 말렸으나 듣지 않다가면 지방의 진기하고 괴이한 물건들이 와야 봉선 제사를 올린다고 하자 환공이 그제야 그쳤다. 어쨌든 제나라와 환공의 힘이 세졌다는 증거다. 환공은 이렇게 부귀와 영화와 권세를 모두 누렸다.

강력한 권력을 틀어쥔 환공이지만, 사후 준비는 미흡했다. 제환공 마지막 모습을 따라가 보자. 당초 제환공에게는 부인이 왕희, 서희, 채희 세 명씩이나 있었지만, 모두 아들이 없었다. 환공은 여색을 밝혀 총애한 여자가 여럿 있었다. 큰 위희가 공자 무궤를 낳았고, 작은 위희가 혜공 원을 낳았다. 정희는 효공 소를 낳았고, 갈영은 소공 반을 낳았다. 밀희는 의공 상인을 낳았고, 송화자는 공자 옹을 낳았다. 아들이 많으면 권력 다툼이 일어날 확률이 높다. 우려는 현실이 되었다.

죽음을 준비하는 방법

환공과 관중은 효공 소를 송(宋) 양공(襄公)에게 부탁하고 태자로 세웠다. 관중의 병이 깊어지자 환공이 "신하 중 누가 재상이 될 만합니까?" 하고 물었다. 관중은 "신하 알기로는 군주만한 사람이 없지요" 하고 답했다. 환공이 "역아는 어떻소?" 하고 묻자 "자식을 죽여 군주의 비위를 맞추었으니 인정에 어긋나 안 됩니다" 하고 답했다. 환공이

"개방은 어떻습니까?" 하고 묻자 "부모를 멀리하고 군주의 비위를 맞추었으니 인정에 어긋나 가까이하기 어렵습니다" 하고 답했다. 환공이 "수도는 어떻습니까?" 하자 "궁형을 자청하여 군주의 비위를 맞추었으니 천하기 어렵습니다" 하고 답했다.

이를 보았을 때, 관중은 사람을 꿰뚫어 보는 안목이 있었던 것 같다. 그는 군주를 향한 충성심도 중요하지만, 사람 됨됨이를 보았다. 역아는 요리사였다. 환공이 어느 날 삶은 아기는 먹어보지 못했다고 말하자 자기 아들을 삶아 임금에게 바쳤다. 개방은 아버지가 죽어도 집에 가지 않고 임금을 보좌했다. 며칠이면 갈 수 있는 집을 무려 15년 동안 가지 않았다. 수도는 자신의 성기를 잘라 임금을 섬기는 환관이 되었다. 수도는 궁으로 들어가 여색을 밝히는 환공에게 여자를 공급하는 역할을 했다. 관중은 이들의 이런 행위를 상식에 어긋난다고 보았다. 임금을 향한 충성심이 큰 것처럼 보이지만, 자신의 욕심을 위하여 무슨 일이든 할 수 있는 사람으로 보았다. 관중의 판단은 적중했다.

관중이 죽자 환공은 관중의 말을 듣지 않고 세 사람을 중용하였다. 세 사람이 권력을 휘두르게 되었다. 역아는 위(衛) 공희(共姬)의 총애를 받았는데, 내시인 수도를 통해 환공에게 많은 예물을 바쳐 환공의 총애도 받았다. 환공은 역아의 뜻대로 무게를 태자로 책봉했다.

그러나 환공이 병들자 다섯 공자는 각기 당파를 지어 자리를 다투었고, 역아와 수도는 반란을 일으켜 환공을 감금했다. 그리고 아예 죽이려고 했다. 환공이 죽자 드디어 서로를 공격하며 공자 다섯이 모두 자리에 오르려고 했다. 이 때문에 궁중이 비어 시신을 수습할 사람이 없었다. 환공의 시신은 침상에 67일 동안 방치되어 구더기가 문밖으로 기어나올 지경이었다. 역아는 수도와 함께 총애 받던 첩의 측근들과 결탁하여 신하들을 죽이고, 공자 무궤를 왕으로 세웠다. 태자 소는 송나라로 달아났다.

환공은 무엇을 잘못했을까? 관중 사후 판단력이 흐려졌을까? 환공은 죽음을 지혜롭게 준비하지 못했다. 죽음은 예고 없이 찾아오는 경우가 많다. 죽을 때를 정확히 안다면 평소 죽음을 준비할 것이다. 그러나 때를 알지 못하니 평소 죽음을 생각하며 준비하는 삶을 산다면 얼마나 좋을까? 스티븐 코비는 조용한 곳으로 가서 자신의 장례식 장면을 상상해 보라고 권한다. 장례식에 참석한 자녀, 형제, 조카, 사촌, 친구들이 자신에게 뭐라고 말하는지 다음과 같이 질문해 보란다. 죽음을 준비한다는 의미는 결국 삶을 제대로 살겠다는 의지다.

- 당신은 이 사람들이 당신 자신과 당신 삶을 어떻게 이야기해 주기를 바라는가?
- 당신은 이들이 조사에서 당신을 어떤 남편, 아내, 아버지, 혹은 어머니였다고 말해주기를 바라는가?
- 당신은 어떤 아들, 딸, 혹은 사촌이었다고 평해주기를 바라는가?
- 또 당신은 어떤 친구였다고 회상해 주기를 바라는가?
- 당신이 어떤 직장 동료였다고 회상해 주기를 바라는가?
- 당신은 그들이 당신한테서 어떤 성품을 보았기를 바라는가?
- 당신은 자신이 지금까지 해온 어떤 공헌이나 업적을 기억해 주기

를 바라는가?

• 당신은 그들의 삶에 어떤 영향과 도움을 주고 싶었는가?

당신은 어떤 답을 얻었는가. 주변 모든 사람이 장례식에 와서 당신의 죽음을 애도하리라 생각하는가. 아니면 마지못해 와서 당신 영정을 보고 욕을 하리라 생각하는가. 당신 자식과 조카, 후배들은 당신 삶에서 교훈을 얻고, 당신 삶을 본받겠다고 다짐하리라 생각하는가. 아니면 당신과 같은 삶은 살지 않겠다고 결심하리라 생각하는가.

조선시대 점술가 홍계관에 얽힌 일화는 우리가 죽음을 어떻게 준비해야 하는지 큰 지혜를 준다. 홍계관이 한 정승을 만나 언제 죽을지 알려주었다. 홍계관의 실력을 잘 아는 정승은 그가 예언한 해에 인생을 마무리하며 죽을 날을 기다렸다. 그런데 그해 죽지 않았다. 자신의 점괘가 틀릴 까닭이 없다고 생각한 홍계관은 정승을 찾아가 물었다.

"혹시 다른 사람에게 은혜를 베푼 적이 있으십니까?"

그러자 정승은 자신이 겪은 일을 다음과 같이 말했다.

"옛날 숙직을 마치고 집에 오다가 황금으로 만든 술잔 한 쌍이 든 붉은 보자기를 주웠네. 대전 별감이 자식 혼사에 쓰려고 궁중의 금잔 한 쌍을 잠시 가지고 나갔다가 길에서 분실했다더군. 이 사실이 발각되면 죄를 면치 못할 것이라 별감에게 금잔을 주었지. 혹시 이런 것도 은혜가 되는지 모르겠네."

홍계관은 이 얘기를 듣고 바로 그 일이 음덕이 되어 수명이 연장되었다고 말했는데, 정승은 이후 15년을 더 살았다.

시 출처

〈이러고 있는〉, 김경미,《고통을 달래는 순서》, 창비, 2008.

〈노신〉, 김광균,《시 읽기의 방법》, 유종호, 삶과 꿈, 2006.

〈힘〉, 박시교,《13월》, 책 만드는 집, 2016.

〈땅끝〉, 나희덕,《그 말이 잎을 물들였다》, 창비, 1994.

〈떨어져도 튀는 공처럼〉, 정현종,《떨어져도 튀는 공처럼》, 문학과지성사, 2019.

〈대청소〉, 최영미,《서른 잔치는 끝났다》, 이미출판사, 2020.

〈첫사랑〉, 고재종,《쪽빛문장》, 문학과지성사, 2004.

〈넥타이〉, 박성우, 계간《애지 2013년 봄호》, 지혜, 2013

〈꽃 피는 아버지〉, 이성복,《뒹구는 돌은 언제 잠 깨는가》, 문학과 지성사, 2008.

〈타오르는 책〉. 남진우,《타오르는 책》, 문학과지성사, 2011.

〈새해 첫 기적〉, 반칠환,《새해 첫 기적》, 지혜, 2014.

〈고래를 위하여〉, 정호승,《국어교과서 여행》, 신보경 엮음, 스푼북, 2018

〈봄〉, 이성부,《우리들의 양식》, 민음사, 1974.

〈너를 기다리는 동안〉, 황지우,《게 눈속의 연꽃》, 문학과지성사, 1990.

〈날개〉, 반칠환,《포엠포엠 2013년 여름호》, 포엠포엠, 2013.

〈단추〉, 이정하,《사랑이 다시 온다》, 문이당, 2016.

〈성〉김수영,《현대시의 발견과 성찰》, 엄경희, 도서출판 보고사, 2005.

〈기러기 가족〉, 이상국,《어느 농사꾼의 별에서》, 창비, 2005.

〈신문지 밥상〉, 정일근,《착하게 낡은 것의 영혼》, 시학, 2006.

〈누가 더 깝깝허가이〉, 박성우,《웃는 연습》, 창비, 2017.

〈물감〉, 김정수.

〈호박꽃〉, 최두석,《꽃에게 길을 묻는다》, 문학과지성사, 2003.

〈얼음새꽃〉, 곽효환,《지도에 없는 집》, 문학과사상사, 2010.

〈단풍 드는 날〉, 도종환,《흔들리지 않고 피는 꽃이 어디 있으랴》, 랜덤하우스코리아, 2007.

〈연탄 한 장〉, 안도현,《외롭고 높고 쓸쓸한》, 문학동네, 2011.

〈맨발〉, 문태준,《맨발》, 창비, 2013.

〈쓰러진 것들을 위하여〉, 신경림,《사진관 이층》, 창비, 2014.

〈물고기 입장〉, 김명인,《이 가지에서 저 그늘로》, 문학과지성사, 2018.

〈꿩 발자국〉, 최승호,《여백》, 솔, 1997.

〈파문〉, 김수열,《빙의》, 실천문학사, 2015

〈고장난 사진기〉, 신경림,《어머니와 할머니의 실루엣》, 창비, 1998.

〈무밭에서〉, 이상국,《어느 농사꾼의 별에서》, 창비, 2005.

〈햄버거를 먹으며〉, 오세영,《시 읽는 기쁨2》, 정효구 지음, 작가정신, 2014.

〈아름다운 책〉, 공광규, 계간《문학나무 2012 봄호》, 문학나무, 2012.

〈숲〉, 정희성,《저문 강에 삽을 씻고》, 창작과 비평사, 1978.

〈단단한 고요〉, 김선우,《도화 아래 잠들다》, 창작과비평사, 2003.

〈마지막 목욕-죽음의 형식1〉, 손택수,《떠도는 먼지들이 빛난다》, 창비, 2014

참고 도서

《사기본기》, 사마천, 김영수 역, 알마, 2012.

《사기세가》, 사마천, 김원중 역, 민음사, 2014.

《사기열전》, 사마천, 임동석 역, 동서문화사, 2009.

《전국책》, 유향, 임동석 역, 동서문화사, 2009.

《한시 외전》, 임동석 역, 동서문화사, 2009.

《열녀전》, 유향, 김지선 역, 동아일보사, 2016.

《설원》, 유향, 임동석 역, 동문선, 1997.

《한비자》, 한비, 김원중 역, 글항아리, 2014.

《공자세가 중니제자열전》, 사마천, 김기수 외 역, 예문서원, 2003.

《정선 목민심서》, 정약용, 다산연구회 역, 창비, 2019.

《여씨춘추》, 여불위, 김근 역, 글항아리, 2014

《전쟁론》, 카알 폰 클라우제비츠, 김민수 역, 갈무리, 2009.

《다윗과 골리앗》, 말콤 글래드웰, 김규태 역, 김영사, 2020.

《리딩으로 리드하라》, 이지성, 문학동네, 2010.

《파리에서 도시락을 파는 여자》, 켈리 최, 다산북스, 2021.

《책을 읽으면 왜 뇌가 좋아질까?, 또 성격은 좋아질까?》, 한상무, 푸른사상, 2017.

《나는 몇 살까지 살까?》, 하워드 S 프리드먼 외 1인, 최수진 역, 쌤앤파커스, 2011.

《어댑트》, 팀 하포드, 웅진지식하우스, 2011.

《하버드 100년 전통 말하기 수업》, 류리나, 이에스더 역, 리드리드출판, 2020.

《원하는 것이 있다면 감정을 흔들어라》, 다니엘 사피로 외 1인, 이진원 역, 한국경제
신문사, 2013.

《현대시작법》, 오규원, 문학과지성사, 2017.

《현대시의 발견과 상찰》, 엄경희, 도서출판 보고사, 2005.

《시 읽기의 방법》, 유종호, 삶과 꿈, 2006.

《생각의 탄생》, 로버트루스타인 외 1인, 박종성 역, 에코의서재, 2007.

《춘추전국 이야기1~10》, 공원국, 위즈덤하우스, 2011.

《제7의 감각》, 윌리엄 더건, 윤미나 역, 비즈니스맵, 2008.

《다산선생 지식경영법》, 정민, 김영사, 2011.

《말공부》, 조윤제, 흐름출판, 2015.

《포커스 리딩》, 박성후, 한언, 2008.

《어떻게 살아남을 것인가》, 타오돤팡, 유소영 역, 중앙북스, 2014.

《역사에서 발견한 CEO 언어의 힘》, 박해용, 삼성경제연구소, 2006.